Score
100 Preguntas fáciles
y rápidas

Inglés
para todos

Score

J. P. BERMAN
M. SAVIO • M. MARCHETEAU

LAROUSSE

Av. Diagonal 407 Bis-10   Dinamarca 81   21 Rue du Montparnasse   Valentín Gómez 3530
08008 Barcelona   México 06600, D. F.   75298 París Cedex 06   1191 Buenos Aires

SCORE: 100 PREGUNTAS FÁCILES Y RÁPIDAS

© Presses Pocket

"D. R." © MCMXC, por Ediciones Larousse, S. A. de C. V.
Dinamarca núm. 81, México 06600, D. F.

SEGUNDA EDICIÓN — 19ª reimpresión

ISBN 2-266-00932-X (Presses Pocket)
ISBN 968-6042-02-4 (Ediciones Larousse)

Impreso en México — Printed in Mexico

Contenido

- **SCORE** es un método de autoevaluación y autoaprendizaje que presenta las estructuras de base del Inglés hablado y escrito.

- Se destina a toda persona deseosa de conocer su nivel de conocimientos gramaticales en Inglés, de localizar sus dificultades y de corregirlas rápidamente, sin verse obligada a seguir algún tipo de curso.

- Este método constituye un instrumento de medición a la vez que un medio de diagnóstico y de tratamiento correctivo válido tanto para los jóvenes de edad escolar como para los adultos.

- La obra **SCORE** consta de 3 partes: la **A,** la **B** y la **C.**

- La parte **A** está constituida por una prueba de 100 preguntas que permite evaluar los conocimientos de las estructuras de base. Las respuestas que siguen a dicha prueba señalan los errores e indican las secciones que habrá que consultar en la parte **B.**

- La parte **B** cubre los tópicos gramaticales correspondientes. Esta parte contiene 100 secciones y cada una de ellas explica un elemento fundamental de las estructuras de la lengua. La comprensión y la adquisición de conocimientos son evaluados inmediatamente por medio de ejercicios con respuestas que se encuentran al término de cada sección.

- La parte **C** está constituida por una prueba análoga a la de **A.** Esta prueba permite medir el progreso realizado. Las respuestas que le siguen, marcan los errores y señalan el tema de la parte **B** que habrá que consultar a fin de revisar los temas que aún no están bien dominados.

PRUEBA A

(1) • Selecciónese entre las cuatro respuestas que se proponen, la solución a, b, c o d que permita completar la frase.
Para cada uno de los 100 componentes de la prueba, existe una sola respuesta correcta.
• Subráyese la respuesta escogida, y después
• Consúltense las respuestas de la prueba **A,** en la página 30.

(2) • Súmese el total de puntos obtenidos, contando un punto por respuesta correcta, cero puntos por respuesta incorrecta o ausencia de ella.
• Se obtendrá un resultado evaluable respecto de 100, el cual permitirá:
a) Ubicar al estudiante dentro de la escala de niveles de la página 52.
b) Vencer las dificultades detectadas estudiando en la parte **B** (tratamiento correctivo) los puntos en los que se hayan cometido errores.

(3) • Después de haber estudiado la parte **B,** hágase la prueba **C,** registrando sus resultados como en la prueba **A.** De este modo se podrá medir el progreso.

→ *Atención:* si no se encuentra la respuesta correcta para alguno de los elementos de la prueba, no se trate de responder al azar, ello falsearía la evaluación general y no resolvería las dificultades.

Seleccione los elementos que completen correctamente la estructura marcando con una cruz el cuadro correspondiente (a, b, c o d). Para establecer su marcador, verifíquense las respuestas en la página 30.

(1) **Look, it . . . . !**

- [X] a 's raining
- [ ] b rains
- [ ] c has rain
- [ ] d rain

(2) **She . . . . me last week.**

- [ ] a phones
- [ ] b has phoned
- [X] c phoned
- [ ] d 'd phone

(3) **The plumber . . . . two hours.**

- [ ] a has been working since
- [X] b has been working for
- [ ] c is working for
- [ ] d had been working since

(4) **The question is: . . . . understand?**

- [ ] a do he
- [X] b does he
- [ ] c has he
- [ ] d is he

(5) **Did she see you? — No, she . . . .**

- [ ] a has not
- [ ] b didn't do
- [ ] c did not do
- [X] d didn't

MARCADOR (5)

Seleccione los elementos que completen correctamente la estructura marcando con una cruz el cuadro correspondiente (a, b, c o d). Para establecer su marcador, verifíquense las respuestas en la página 31.

11

(6) **When you . . . . Henry, tell him the truth.**

	a met
X	b meet
	c will meet
	d would meet

(7) **He will . . . . help you.**

	a can
	b can to
X	c be able to
	d be able

(8) **They . . . . asked me.**

	a would
	b should have to
X	c should have
	d should

(9) **We want . . . . at once.**

	a that she leaves
	b leave
	c her to leave
X	d she leaves

(10) **Where . . . . ?**

X	a does he live
	b he does live
	c lives he
	d that he lives

MARCADOR 4

(11) **There are .... people here.**

	a least and least
	b lesser and lesser
X	c fewer and fewer
	d little and little

(12) **I .... money left.**

X	a haven't got any
	b haven't got no
	c have got any
	d have any

(13) **They didn't know .... he was complaining about.**

	a that
	b what
X	c why
	d whether

(14) **He may .... ill.**

	a to be
	b that he is
X	c being
	d be

(15) **My parents ....**

	a have given just me the book
X	b have just given me the book
	c have given the book to me just
	d have given to just me the book

MARCADOR

Seleccione los elementos que completen correctamente la estructura marcando con una cruz el cuadro correspondiente (a, b, c o d). Para establecer su marcador, verifíquense las respuestas en las páginas 33-34.

13

(16) **Why did your son ask .... so many questions?**

	a Peter
	b at Peter
	c from Peter
X	d to Peter

(17) **........, he exclaimed.**

	a «What your friend is funny»!
	b «How funny your friend is»!
	c «How your friend is funny»!
X	d «Such funny your friend is»!

(18) **She is .... I am.**

	a more young than
	b younger that
	c younger as
X	d younger than

(19) **Whose car is it? — It is ....**

	a to our friends
	b of our friends
X	c our friend's
	d to our friends'

(20) **You had better ....**

X	a stayed
	b stay
	c to stay
	d staying

MARCADOR

Seleccione los elementos que completen correctamente la estructura marcando con una cruz el cuadro correspondiente (a, b, c o d). Para establecer su marcador, verifíquense las respuestas en las páginas 34-35.

(21) **It's no use ....**

- [ ] a trying
- [ ] b of trying
- [ ] c try
- [X] d to try

(22) **Since I first .... him, I have never noticed anything rude in his behaviour.**

- [X] a meet
- [ ] b have met
- [ ] c met
- [ ] d am meeting

(23) **The concert was wonderful; I wish you ....**

- [ ] a to have come
- [ ] b had come
- [X] c came
- [ ] d to come

(24) **I'd like John .... me**

- [ ] a helps
- [X] b helped
- [ ] c to help
- [ ] d should help

(25) **He told me not .... it**

- [ ] a do
- [ ] b to do
- [ ] c doing
- [X] d did

MARCADOR

Seleccione los elementos que completen correctamente la estructura marcando con una cruz el cuadro correspondiente (a, b, c o d). Para establecer su marcador, verifíquense las respuestas en las páginas 35-36.

15

26 **They are . . . . noisy boys!**

	a so
	b such
	c so much
	d what

27 **The spending is estimated . . . . $2 million.**

	a at
	b to
	c by
X	d about

28 **. . . . . do you call this machine?**

	a Which
	b How
X	c What
	d Which name

29 **. . . . . of them had any money.**

	a Some
	b Any
X	c None
	d All

30 **I let her . . . . what she likes.**

	a to do
X	b do
	c doing
	d done

MARCADOR (3)

16

Seleccione los elementos que completen correctamente la estructura marcando con una cruz el cuadro correspondiente (a, b, c o d). Para establecer su marcador, verifíquense las respuestas en las páginas 36-37.

(31)   I .... him for years

☐ a known
☒ b have known
☐ c am knowing
☐ d am known

(32)   He couldn't help .... that they would fail.

☒ a feeling
☐ b to feel
☐ c feel
☐ d himself from feeling

(33)   Why not .... a new one?

☐ a buying
☐ b to buy
☒ c buy
☐ d you buy

(34)   Give him the keys before ....

☐ a he will leave
☒ b he leaves
☐ c him leaving
☐ d that he leaves

(35)   John wanted to become ....

☒ a an architect
☐ b as architect
☐ c into an architect
☐ d architect

⑤

Seleccione los elementos que completen correctamente la estructura marcando con una cruz el cuadro correspondiente (a, b, c o d). Para establecer su marcador, verifíquense las respuestas en las páginas 37-39.

(36) **He .... a new garage built.**

	a made
X	b had
	c is made
	d has made

(37) **I never saw anything .... it.**

	a like —
X	b as
	c than
	d so as

(38) **She always fails .... she tries very hard.**

	a despite
	b in spite of
X	c although
	d whether

(39) **There is no reason for ....**

X	a to work so much —
	b him to work so much
	c him such working
	d his such working

(40) **I don't know where ....**

X	a he bought his hat.
	b did he buy his hat.
	c his hat he bought.
	d bought he his hat.

MARCADOR 3

18 Seleccione los elementos que completen correctamente la estructura marcando con una cruz el cuadro correspondiente (a, b, c o d). Para establecer su marcador, verifíquense las respuestas en las páginas 39-40.

(41) Bill spent all the money .... had been given to him.

a that
b which
c what
d it

(42) Has the train .... left?

a early
b already
c soon
d yet

(43) To show somebody into a room is to let him ....

a within
b into
c in
d inside

(44) You want me to come, ... ?

a will you
b shall I
c did you
d don't you

(45) She is not used to .... cigars.

a smoking
b smoke
c be smoking
d have been smoking

MARCADOR

Seleccione los elementos que completen correctamente la estructura marcando con una cruz el cuadro correspondiente (a, b, c o d).
Para establecer su marcador, verifíquense las respuestas en las páginas 40-41.

(46) Hardly had we arrived . . . . she started to complain.

☐ a that
☐ b than
☐ c when
☐ d then

(47) How many . . . . do you want?

☐ a much
☐ b more
☐ c few
☐ d much more

(48) People . . . . always glad to see him.

☐ a are
☐ b is
☐ c can
☐ d will

(49) He seemed surprised . . . . meeting me.

☐ a in
☐ b at
☐ c on
☐ d from

(50) I wish . . . . him more often.

☐ a us seeing
☐ b we are seeing
☐ c we saw
☐ d we see

MARCADOR ◯

20

Seleccione los elementos que completen correctamente la estructura marcando con una cruz el cuadro correspondiente (a, b, c o d). Para establecer su marcador, verifíquense las respuestas en las páginas 41-42.

(51) **They should have .... earlier.**

	a begin
	b began
	c begun
	d had begun

(52) **There are many differences between .... companies.**

	a the two
	b both
	c either
	d the both

(53) **........ of the two do you like best?**

	a Which
	b What
	c Whose
	d Whatever

(54) **What offence was he guilty .... ?**

	a for
	b with
	c of
	d in

(55) **It's high time you ....**

	a answer
	b will answer
	c answered
	d have answered

MARCADOR

Seleccione los elementos que completen correctamente la estructura marcando con una cruz el cuadro correspondiente (a, b, c o d). Para establecer su marcador, verifíquense las respuestas en las páginas 42-43.

(56) **Accidents have been .... numerous this year.**

a far less
b a few less
c far many
d far much

(57) **What must be .... in order to get the contract?**

a doing
b to do
c done
d have done

(58) **Would you mind .... again?**

a to try
b trying
c of trying
d try

(59) **Check your number before ....**

a to dial
b dial
c dialling
d dialled

(60) **I have exactly .... same bag as yours.**

a one
b the
c a
d some

MARCADOR

Seleccione los elementos que completen correctamente la estructura marcando con una cruz el cuadro correspondiente (a, b, c o d). Para establecer su marcador, verifíquense las respuestas en las páginas 43-44.

(61) **We started to produce it .... 1962.**

a as soon as
b as early as
c in the early
d early as

(62) **He .... has to work for two hours.**

a yet
b further
c more
d still

(63) **I forgot my book. Can you lend me .... ?**

a your
b yourself
c yours own
d yours

(64) **We'll wait until he ....**

a will come
b would come
c comes
d came

(65) **Her brother lives ....**

a farther southern
b far southern
c farther south
d farther in south

MARCADOR

Seleccione los elementos que completen correctamente la estructura marcando con una cruz el cuadro correspondiente (a, b, c o d). Para establecer su marcador, verifíquense las respuestas en las páginas 44-45.

(66) What . . . . if he comes?

a do you expect me
b you expect me to do
c you expect to do
d do you expect me to do

(67) The place looks different . . . . what I thought.

a that
b from
c of
d by

(68) He played no part in the campaign, as he . . . . in his book.

a is explaining it
b explains it
c explains
d explains that

(69) She is a very good friend of . . . .

a mine
b me
c I
d my

(70) You may have a blue one or a red one. Take . . . . you like best.

a which
b that
c whichever
d each other

MARCADOR

Seleccione los elementos que completen
correctamente la estructura marcando con una
cruz el cuadro correspondiente (a, b, c o d).
Para establecer su marcador, verifíquense las
respuestas en las páginas 45-46.

(71)   **One of the .... had been broken.**

a children's toy
b child toy
c child's toys
d child's toy

(72)   **How many .... do you need?**

a more
b much
c few
d much more

(73)   **He has .... of humour.**

a the sense
b sense
c his sense
d a sense

(74)   **I don't remember .... them last year.**

a seeing
b to see
c of seeing
d that we saw

(75)   **He had a .... old daughter.**

a seventeen years
b seventeenth year
c seventeen-year
d seventeen years'

MARCADOR

Seleccione los elementos que completen correctamente la estructura marcando con una cruz el cuadro correspondiente (a, b, c o d). Para establecer su marcador, verifíquense las respuestas en las páginas 46-47.

(76) **They'll meet again .... October.**

    a in last
    b in late
    c in later
    d the latest in

(77) **I saw him ....**

    a come
    b to come
    c came
    d of coming

(78) **There were more than two .... soldiers.**

    a thousand
    b thousands
    c thousands of
    d thousand of

(79) **The team's excellent results are due to .... cohesion.**

    a his
    b it's
    c her
    d its

(80) **Don't begin unless he .... you!**

    a will tell
    b shall tell
    c tells
    d would have told

MARCADOR

Seleccione los elementos que completen correctamente la estructura marcando con una cruz el cuadro correspondiente (a, b, c o d). Para establecer su marcador, verifíquense las respuestas en las páginas 47-48.

(81) He ordered that the luggage .... left behind.

- a would have been
- b should be
- c are
- d will have been

(82) Excuse me, could you tell me what .... ?

- a this word means
- b means this word
- c does mean this word
- d does this word mean

(83) .... you are!

- a What luck
- b How lucky
- c Such luck
- d So much luck

(84) That fire wasn't the first one, ... ?

- a was that
- b dit it
- c wasn't it
- d was it

(85) I only need half .... chairs.

- a much
- b as many
- c fewer
- d much more

MARCADOR

Seleccione los elementos que completen correctamente la estructura marcando con una cruz el cuadro correspondiente (a, b, c o d). Para establecer su marcador, verifíquense las respuestas en las páginas 48-49.

(86) **He .... buy it today.**

a needn't
b does not need
c needs not
d needs not to

(87) **We need .... help we can get.**

a any
b some
c anyone
d everyone

(88) **The .... said about it, the better.**

a lest
b least
c lesser
d less

(89) **He isn't so strong as he ....**

a used to
b used
c used to be
d was used to

(90) **Who .... could it be?**

a other
b else
c another
d the other

MARCADOR

Seleccione los elementos que completen correctamente la estructura marcando con una cruz el cuadro correspondiente (a, b, c o d). Para establecer su marcador, verifíquense las respuestas en la página 50.

(91)   .... did you say met her yesterday?

a Where
b Whom
c Whose
d Who

(92)   Do you think they will come back? — I hope ....

a no
b not
c that not
d not so

(93)   ...., in this, differ from the French.

a The German
b The Germans
c The Briton
d The Swede

(94)   He was late again, ... was to be expected.

a what
b so as
c such as
d which

(95)   We'll take either the train .... the bus.

a or
b and
c either
d wether

MARCADOR

Seleccione los elementos que completen
correctamente la estructura marcando con una
cruz el cuadro correspondiente (a, b, c o d).
Para establecer su marcador, verifíquense las
respuestas en la página 51.

29

(96)   **Now let me be clearly ....**

- [ ] a to understand
- [ ] b understood
- [ ] c understand
- [ ] d understanding

(97)   **I won't have you .... that sort of thing.**

- [ ] a said
- [ ] b to say
- [ ] c say
- [ ] d to saying

(98)   **I'm looking forward to .... soon**

- [ ] a have to hear you
- [ ] b hear you
- [ ] c be allowed to hear you
- [ ] d hearing from you

(99)   **Can you spare me five minutes? ....**

- [ ] a Yes, I do
- [ ] b Yes, I can
- [ ] c Yes, I can do
- [ ] d No, I don't

(100)   **Come and spend the week-end with us!**
        —I'd like ....

- [ ] a it
- [ ] b to
- [ ] c so
- [ ] d I did

Reporte anterior   **Marcador final**

Proporcionamos frente a cada número,
la **respuesta correcta** en negritas

(1) **a. Look! It's raining!**
¡Mira está lloviendo!

b. El presente simple no es posible aquí (sentido muy general).

c. Es una forma incorrecta: *has* implica la forma verbal *rained*.

d. Es una forma incorrecta: los verbos llevan s en la 3a persona del singular del presente.

(2) **c. She phoned me last week.**
Ella me telefoneó la semana pasada.

a, b y d. Presente, antepresente*, condicional respectivamente, no son posibles cuando hay una precisión de fecha (*last week*).

(3) **b. The plumber has been working for two hours.**
El plomero está trabajando desde hace dos horas.

a y d. *since* puede concebirse sólo con indicación de la hora desde el inicio de la acción (ejem: *since 2 o'clock*).

c. No se emplea el presente simple o continuo para describir una acción cuya duración incluya ya cierto tiempo.

(4) **b. The question is: does he understand?**
La pregunta es: ¿comprende él?

a. Es necesario el auxiliar *does* con *he* en el presente.

c. Después de *has he* es necesario el participio pasado *understood*.

d. *is he* no puede estar seguido de un verbo en infinitivo sin *to*.

(5) **d. Did she see you? No, she didn't.**
¿Le vio ella? No.

a. El auxiliar no corresponde al de la pregunta.

b y c. En una respuesta corta sólo se vuelve a tomar el pronombre y el auxiliar y algunas veces se añade la negación.

---

* N. del T. Llamado antepresente o presente perfecto.

(6) **b. When you meet Henry, tell him the truth.**
Cuando encuentre Ud. a Henry, dígale la verdad.

a. El pretérito *met* no es posible a causa de la concordancia de tiempos (*tell him*).
c. Después de *when* en el sentido de cuando, no se puede emplear el futuro.
d. El condicional *would* no es posible con *when* en el sentido de cuando.

(7) **c. He will be able to help you.**
El podrá (será capaz de) ayudarle.

a y b. El verbo defectivo *can* no puede ponerse en futuro.
d. El verbo que sigue a *be able* debe ser introducido por *to*.

(8) **c. They should have asked me.**
Deberían haberme preguntado.

a. *would* no puede estar seguido de un participio pasado.
b. *to* no puede estar seguido de un participio pasado.
d. *should* no puede estar seguido de un participio pasado.

(9) **c. We want her to leave at once.**
Queremos que ella se vaya inmediatamente.

a. *to want* no puede estar seguido de la conjunción *that*.
b. Falta la preposición *to*: *we want to leave* estaría correcto, cuando significa: queremos partir.
d. Construcción incorrecta; es el mismo caso que **a**, con *that* sobrentendido.

(10) **a. Where does he live?**
¿Dónde vive él?

b. El orden de las palabras es incorrecto.
c. Hay que utilizar el auxiliar *to do* para poner los verbos en la forma interrogativa.
d. La misma observación que en **c.** Además *that* no tiene sentido aquí.

⑪ **c. There are fewer and fewer people here.**
Hay cada vez menos gente aquí.

  a. Es una construcción incorrecta: *least* se emplea con *the* y tiene un sentido superlativo.

  b. *lesser* es un adjetivo (*less* es un comparativo) que significa "menor"; con el artículo *the* significa "el menor o el mínimo."

  d. Adjetivo en la forma simple que no conviene aquí.

⑫ **a. I haven't got any money left.**
No me queda nada de dinero. (Literalmente: no tengo nada de dinero dejado).

  b. Incorrecto: hay 2 negaciones, una está de más.

  c. Es una forma incorrecta: *any* se emplea en la forma negativa o interrogativa.

  d. Incorrecto pero se podría decir: *I have some money left*, me queda un poco de dinero.

⑬ **b. They didn't know what he was complaining about.**
Ellos no sabían de qué se quejaba (él).

  a, c y d. Serían construcciones posibles si la frase no terminara con la preposición *about;* aunque, colocada al final de la frase, ésta introduce el relativo doble *what*.

⑭ **d. He may be ill.**
Puede estar enfermo (él)/Puede ser que esté enfermo.

  a, b y c. Son incorrectos porque los verbos defectivos como *may* solamente pueden ir seguidos de infinitivos sin *to*.

⑮ **b. My parents have just given me the book.**
Mis padres acaban de darme el libro.

  a, c y d. Son construcciones incorrectas: para formar el "pasado inmediato" se debe intercalar el adverbio *just* entre el auxiliar *have* y el participio pasado.

(16) **a. Why did your son ask Peter so many questions?**
¿Por qué su hijo le hizo tantas preguntas a Pedro?

b, c y d. Son incorrectas porque *to ask* forma parte de los verbos que pueden tener 2 complementos sin preposición. El primer complemento es una persona, en general, introducida por una preposición, el segundo complemento es una cosa.

(17) **b. How funny your friend is! he exclaimed.**
¡Qué divertido es su amigo! exclamó él.

a y d. Son construcciones incorrectas porque los adverbios exclamativos *what* y *such* están seguidos de sustantivos.

c. No es una buena construcción porque el adverbio exclamativo *how*, está seguido de un adjetivo o de un adverbio.

(18) **d. She is younger than I am.**
Ella es más joven que yo.

a. Es incorrecto porque *young* es un adjetivo corto y la forma comparativa de este último se obtiene añadiendo *er* al adjetivo; *more* "más" está reservado a los adjetivos largos.

b. No conviene porque la conjunción *that* no se emplea en el comparativo.

c. *as* puede significar "como" únicamente cuando está como segundo término de un comparativo de igualdad. Ejem: *as young as you* "tan joven como tú", pero no tendrá ese significado cuando se quiere, como aquí, expresar superioridad.

(19) **c. Whose car is it? —It is our friend's.**
¿De quién es este coche? Es de nuestro amigo.

a. *To* puede expresar un atributo, pero aquí se trata de posesión.

b. *Of* puede expresar pertenencia, pero en este caso es necesario tener la siguiente construcción: *it is car of our friend*, es el coche de nuestro amigo.

d. El apóstrofo después de *friends'* sugiere bien la idea de posesión; pero la frase se vuelve incorrecta a causa de *to*. (cf. **a**).

(20) **b. You had better stay.** Haría mejor si se quedara/Sería mejor que se quedara.

　a, c y **d.** Son incorrectos porque la expresión *had better* está siempre seguida del infinitivo sin *to* o infinitivo simple.

(21) **a. It's no use trying.** No vale la pena intentarlo.

　b. El empleo de la preposición *of* es incorrecto.
　c y **d.** La fórmula *it's no use* debe estar seguida de la forma terminada en —*ing*.

(22) **c. Since I first met him, I have never noticed anything rude in his behaviour.** Desde que lo conocí, nunca noté nada agresivo en su conducta.

　a. El presente no respeta la concordancia de los tiempos; además *since* + presente significa más bien "puesto que"; en este último caso se encontrará a menudo *as* en lugar de *since* para evitar toda ambigüedad.
　b. El *presente perfecto* (antepresente) se emplea con *since* solamente cuando la acción de la proposición subordinada se realiza paralelamente con la de la proposición principal.
　d. La forma progresiva no conviene, ella podría ser tratada con *since* = puesto que.

(23) **b. I wish you had come.** Me hubiera gustado que usted viniera, o bien: ¡Ah, si hubiera Ud. venido!

　a y **d.** La proposición infinitiva no conviene después de *to wish*.
　c. Este pretérito con sentido de subjuntivo no puede aplicarse a hechos pasados.

(24) **c. I'd like John to help me.** Me gustaría que Juan me ayudara.

　a, b y **d.** Imposibles con *I'd like* y los verbos que expresan un orden, un deseo, una voluntad, etc. En español después de estos verbos se requiere el pretérito subjuntivo.

(25) **b. He told me not to dot it.**
Él me dijo que no lo hiciera.

    a. El infinitivo negativo lleva la proposición *to*.
    c. La forma terminada en "*ing*" es incorrecta aquí.
    d. La forma activa *did* (pretérito) es incorrecta.

(26) **b. They are such noisy boys!**
¡Son unos niños tan ruidosos!

    a. *so* se emplea delante de un adjetivo solo: *these boys are so noisy*.
    c. *so much* se refiere a una cantidad y significa "tan, tanto"; *He talks so much*: él habla tanto.
    d. *what* es imposible.

(27) **a. The spending is estimated at $2 million.**
Los gastos están estimados en dos millones de dólares.

    b y **c.** Las preposiciones *to* y *by* no convienen.
    d. *about,* adverbio, no puede hacer el papel de preposición. Sin embargo se puede tener. . . *estimated at about $2 million*,. . . estimados en cerca de 2 millones de dólares.

(28) **c. What do you call this machine?**
¿Cómo llama usted esta máquina?/¿Cuál es el nombre de esta máquina?

    a. *Which*? "cuál, el cuál, cuál de los dos" es imposible aquí.
    b. *How*? "¿Cómo, de qué manera?" es imposible aquí.
    d. *Which name*? "qué nombre, cuál de los nombres" es incorrecto de acuerdo al resto de la frase.

(29) **c. None of them had any money.**
Ninguno de ellos tenía dinero.

Ya que el verbo *to have* no está en la forma negativa, es necesario un pronombre indefinido negativo como sujeto.

a y **b.** *Some* o *any* no pueden combinarse aquí con *any*.
d. *all* así como más adelante *some* podría combinarse con *some money* pero no con *any money*.

(30) **b. I let her do what she likes.**
Yo le dejo hacer lo que ella quiere.

a. El infinitivo completo es incorrecto después de *to let*.
c. La terminación en *ing* no se emplea después de *to let*.
d. El participio pasado es incorrecto después de *to let*.

(31) **b. I have known him for years.**
Yo lo conozco desde hace años.

a. Es imposible, falta el auxiliar antes del participio pasado *known*.
c. Este presente es imposible porque la acción ha comenzado en el pasado; así, no se puede emplear un presente.
d. La misma observación que para **c.** Además este pasivo no corresponde al resto de la frase.

(32) **a. He couldn't help feeling that they would fail.**
Él no podía evitar de pensar que (él) fracasaría.

b y **c.** No conviene porque la expresión que sigue a *I can't help* está automáticamente en la terminación —*ing*.
d. Usted puede tal vez confundirse con la construcción que viene después de *to prevent* (*to prevent somebody from doing something*, impedir a alguien hacer algo).

(33) **c. Why not buy a new one?**
¿Por qué no comprar uno nuevo?

c. Es la única respuesta posible porque después de *why not* el verbo debe estar en infinitivo sin *to*.

(34) **b. Give him the keys before he leaves.**
Dale sus llaves antes de que se vaya.

a. Respuesta incorrecta, no se emplea nunca el futuro después de *before*.
c. Mala respuesta, nunca un inglés o un estadounidense tendrían la idea de esta construcción después de *before*.
d. No se emplea nunca la conjunción *that* después de la conjunción *before*.

(35) **a. John wanted to become an architect.**
Juan quería volverse arquitecto.

b y **c.** *as* e *into* o cualquier otra preposición no pueden emplearse para introducir un complemento después de *to become*.
d. Mala respuesta, el artículo *an* es necesario.

(36) **b. He had a new garage built.**
Él mandó hacer un nuevo garage.

a. Imposible aquí. *He made* exige el infinitivo sin *to*; *build* en una construcción del tipo de: *he made him build a new garage*, (él) le hizo construir un nuevo garage.
c y **d.** Imposible hacer que el participio pasado *made* vaya seguido por el participio pasado *built*.

(37) **a. I never saw anything like it.**
Nunca vi nada igual.

b. *As* no sería posible aquí, excepto dentro de una frase del tipo: *I never saw anything as stupid as that.*

c. *than* se emplea después de un comparativo (o después de *other, rather, nothing, else*. . .). Imposible después de *anything.*

d. *so as* no sería posible salvo en el grupo *so as to* + verbo ("con el fin de" + verbo).

(38) **c. She always fails although she tries very hard.**
Ella fracasa siempre aunque haga grandes esfuerzos.

a y b. Son preposiciones que introducen un sustantivo y no un grupo verbal; podrían utilizarse solamente en una construcción del tipo: *she always fails despite (in spite of) her efforts* "ella fracasa siempre a pesar de sus esfuerzos".

d. Significa "si. . ." (o "si. . . no") e implicaría una construcción del tipo: *I don't know whether she tries very hard:* "yo no sé si ella hace grandes esfuerzos".

(39) **b. There is no reason for him to work so much.**
No hay razón para que él trabaje tanto.

a. Imposible, porque la preposición *for* puede estar seguida de un sustantivo, de un pronombre o de un verbo en la forma en —*ing* pero no de un infinitivo (*to work*).

c. Imposible: *no reason for him* exige el infinitivo: *no reason for him to say so, to do so* "para decirlo, para hacerlo".

d. Imposible; se podría decir al contrario: *there is no reason for his working so much*, utilizando el sustantivo verbal *working*.

(40) **a. I don't know where he bought his hat.**
No sé dónde compró (él) su sombrero.

b. Sería posible solamente en una pregunta directa: *where did he boy his hat?* "¿Dónde compró (él) su sombrero?"

c. El orden de las palabras es incorrecto: el complemento no puede preceder al verbo salvo en una construcción del tipo: *the hat he bought was black*: "el sombrero que él compró era negro".

d. Completamente imposible: el orden verbo-sujeto sólo es posible con los auxiliares (*has he, are you*, etc.) y nunca con un verbo ordinario.

(41) **a. Bill spent all the money that had been given to him.**
Bill gastó todo el dinero que se le había dado.

b. No se emplea después de *all*.

c. Significa "lo que" y es a la vez complemento y sujeto. Véase B.13.

d. No es un pronombre relativo sino un pronombre personal (neutro).

(42) **b. Has the train already left?**
¿Ha partido ya el tren?

a. *early* adverbio "temprano, pronto", debe colocarse al final de la frase.

c. *soon* imposible porque por su significado "pronto, luego", hace referencia a un hecho futuro mientras que la frase está en tiempo pasado.

d. *yet* puede igualmente significar "ya", pero debería, en este caso, situarse al final de la frase.

(43) **c. To show somebody into a room is to let him in.**
Hacer entrar a alguien en una pieza.

a. Significa "en el seno de", "en el interior de", "en los límites de" e introduce un complemento. No es entonces una postposición que modifique el significado del verbo.

b. *into* indica el cambio de lugar, la transformación y debe igualmente introducir un complemento, no es una postposición.

d. *inside* es preposición, sustantivo, adjetivo, adverbio pero no postposición.

(44) **d. You want me to come, don't you?**
Quiere usted que venga, ¿verdad?

a y b. Son doblemente incorrectas:
— porque no vuelven a tomar el auxiliar de la frase de partida.
— porque no están en la forma negativa mientras que la frase inicial es afirmativa.

c. Es incorrecto porque está en pretérito

(45) **a. She is not used to smoking cigars.**
Ella no tiene la costumbre de fumar puros.

b y c. No convienen porque *to* no es aquí la preposición del infinitivo sino una preposición que rige la terminación —*ing*, llamada sustantivo verbal: *smoking*.

d. idem; además el tiempo pasado no conviene.

(46) **c. Hardly had we arrived when she started to complain.**
Cuando apenas habíamos llegado, ella comenzó a quejarse.

a. No conviene para marcar el momento preciso cuando la acción se inicia; es necesario una conjunción de tiempo.

b. Conjunción reservada al comparativo y a ciertas locuciones (*had better, had ratter*).

d. *then* "entonces, enseguida" no marca la casi simultaneidad de las acciones.

(47) **b. How many more do you want?**
¿Cuántos más quiere Ud?

a y **c.** Son adjetivos y pronombres indefinidos.
d. Es imposible.

(48) **a. People are always glad to see him.**
La gente está siempre feliz de verlo.

b. El singular no conviene a *people*, porque es un colectivo plural.
c. Sería posible si *always* estuviera colocado entre *can* y *be*.
d. *will* solo no es suficiente, se requiere *be* después de *always*.

(49) **b. He seemed surprised at seeing me.**
Él pareció sorprendido de verme.

a, c y **d.** No convienen como preposiciones.

(50) **c. I wish we saw him more often.**
Quisiera que lo viéramos más seguido.

a. Incorrecto: *I wish* no rige la terminación en —*ing* (gerundio o participio presente).
b. Se encuentra raramente un verbo de percepción en la forma progresiva y, por otra parte, *I wish* gobierna al pretérito.
d. *I wish* rige al pretérito.

(51) **c. They should have begun earlier.**
(Ellos) Deberían haber comenzado más temprano.

a. El infinitivo sin *to* no puede combinarse con *should have*.
b. El pretérito no puede utilizarse en los tiempos compuestos.
d. El antecopretérito no puede ser utilizado en los tiempos compuestos.

(52) **a. There are many differences between the two companies.**
Hay muchas diferencias entre las 2 compañías.

b. *both*: "ambos, los dos juntos" no conviene.
c. *either*: "uno y otro" está seguido de un singular.
d. *the both* es incorrecto.

(53) **a. Which of the two do you like best?**
¿Cuál de los dos prefiere usted?

b. *What*: "cuál, qué", no conviene aquí.
c. *Whose*: "de quién", no conviene.
d. *Whatever*: "cualquiera que sea", tampoco conviene aquí.

(54) **c. What offence was he guilty of?**
¿De qué delito era culpable?

a. *for*: "por", no conviene en este ejemplo.
b. *with:* "con", no queda aquí.
d. *in*: "en", no conviene aquí.

(55) **c. It's high time you answered.**
Ya es hora de que respondas.

a. El presente (o infinitivo sin *to*) no puede ser utilizado después de *it's high time* pero se podría tener *it's high time for you to answer*.
b y d. El futuro y el antepresente no pueden ser utilizados después de *it's high time*.

(56) **a. Accidents have been far less numerous this year.**
Los accidentes han sido mucho menos numerosos este año.
b. *a few less*: construcción imposible; *a few*: "algunos" (adjetivo), "algunos" (pronombre).
c. *far many*: construcción imposible.
d. *far much*: construcción imposible.

(57) **c. What must be done in order to get the contract?**
¿Qué hay que hacer para obtener el contrato?

a. La forma progresiva es incorrecta con *must*.
b. Construcción imposible: *must be* no puede ir seguido del infinitivo.
d. Imposible: *to be* no puede ir seguido de *have*.

(58) **b. Would you mind trying again?**
¿Le molestaría tratar de nuevo?

a. El infinitivo no puede emplearse después de *would you mind*.
c. *to mind*, transitivo, no se construye con *of*.
d. El infinitivo sin *to* no puede emplearse después de *would you mind*.

(59) **c. Check your number before dialling.**
Verifique su número antes de marcarlo.

a. El infinitivo no conviene aquí.
b. El infinitivo sin *to* no conviene aquí.
c. El participio pasado es imposible.

(60) **b. I have exactly the same bag as yours.**
Tengo una bolsa exactamente igual a la tuya.

a. *One*: "un, uno", no puede emplearse aquí.
c. El artículo indefinido no se emplea nunca con *same*.
d. La asociación *some/same* no es posible.

(61) **b. We started to produce it as early as 1962.**
Comenzamos a producirlo desde 1962.

a. *As soon as* es una conjunción "desde que" y debería estar seguida de un grupo verbal.
c. Es necesaria una frase del tipo: *in the early 60's. . .*, "al principio de los años 60. . .".
d. Incorrecto.

⑥② **d. He still has to work for two hours.**
Todavía tiene que trabajar por dos horas.

a. *Yet* sería posible a condición de colocarlo al final de la frase después de *hours*.
b. Sería posible solamente en la construcción: *for a further two hours*: ''durante dos horas más''.
c. Se tendría que colocar de diferente manera: *for two more hours* (o *for two hours more*).

⑥③ **d. I forgot my book. Can you lend me yours?**
Olvidé mi libro. ¿Puedes prestarme el tuyo?

a. *Your* es un adjetivo posesivo, mientras que se necesita un pronombre posesivo (el tuyo y no tu).
b. No tiene sentido aquí.
c. *Your own* sería correcto pero poco idiomático.

⑥④ **c. We'll wait until he comes.**
Esperaremos hasta que él llegue.

a. El futuro nunca va después de una conjunción de tiempo *until*.
b. Se requiere el indicativo y no el condicional.
d. Imposible después del futuro *we shall wait*.

⑥⑤ **c. His brother lives farther south.**
Su hermano vive más al sur.

a y **b.** *Southern* es un adjetivo que no puede desempeñar la función del adverbio requerido por la frase propuesta.
d. Sería necesario: *farther in (to) the south* o *farther in south* + sustantivo (*south California*, por ejemplo).

⑥⑥ **d. What do you expect me to do if he comes?**
¿Qué espera usted que yo haga si él viene?

a. No tiene sentido.
b y **c.** Falta el auxiliar *to do*.

(67) **b. The place looks different from what I thought.**
El lugar tiene una apariencia diferente de la que yo pensaba.

a, c y **d.** Son incorrectos porque "diferente de" se dice *different from* (o *different than,* admitido en Inglés Americano).

(68) **c. He played no part in the campaign, as he explains in his book.**
Él no tuvo ningún papel en la campaña, como lo explica en su libro.

a y **b.** No son idiomáticos; *it* está de más.
d. Sería posible sólo sin *as: he explains that in his book.*

(69) **a. She is a very good friend of mine.**
Es una muy buena amiga mía.

b. No se dice así; no es idiomático.
c y **d.** Son imposibles gramaticalmente (*I* sujeto, *my* adjetivo).

(70) **c. You may have a blue one or a red one.**
Take whichever you like best.
Puede usted tomar un(a) azul o un(a) rojo(a), escoja el (la) que prefiera.

a. Se necesitaría *the one which*.
b. Se necesitaría *the one that*.
d. *Each other* "uno y otro", no tiene sentido aquí.

(71) **c. One of the child's toys had been broken.**
Uno de los juguetes del niño se había roto.

a. Sería necesario *children's toys* (uno de los juguetes del niño).
b. Imposible: *toy* debería de estar en plural y *child* en el caso posesivo.
d. Imposible: *toy* debería de estar en plural.

(72) **a. How many more do you need?**
¿De cuántos más tiene usted necesidad?

b. Imposible; pero podría existir, hablando de una palabra singular como *money*: *How much do you need*? "¿Cuántos necesita usted?"

c. *few* "poco" (para el plural), absurdo aquí. Después de *How many* "cuántos" (*many* "muchos", para el plural).

d. Imposible. Pero podría existir hablando de una palabra singular como *money: How much more do you need*? ¿De cuántos más (de esos) tiene usted necesidad?"

(73) **d. He has a sense of humour**
Tiene sentido del humor.

a y **b.** Imposibles.

c. Sería necesario decir: *He has his own sense of humour* "su propio sentido del humor".

(74) **a. I don't remember seeing them last year.**
No me acuerdo de haberlos visto el año pasado.

b, c y **d.** Son imposibles gramaticalmente.

(75) **c. He had a seventeen-year-old daughter.**
(Él) tenía una hija de 17 años.

a. Sólo sería posible en la construcción *his daughter was seventeen years old*.

b y **d.** Imposibles en la frase propuesta.

(76) **b. They'll meet again in late october.**
Ellos se reunirán de nuevo a finales de octubre.

a. *last* "último, final", está en contradicción con el futuro *they'll meet*.

c. Imposible; *later, in October* "más tarde, en octubre" sería posible.

d. Sería necesario decir: *at the latest* "a más tardar".

(77) **a. I saw him come.**
Yo lo vi venir.

b. *to see* + pronombre o sustantivo va seguido del infinitivo sin *to*.
c y **d.** Imposibles, no son gramaticales.

(78) **a. There were more than 2 thousand soldiers.**
Había más de 2 mil soldados.

b y **c.** Entre un número (o cifra, en este caso 2) y un sustantivo, *thousand* es invariable (no lleva "s").
d. Imposible.

(79) **d. The team's excellent results are due to its cohesion.**
Los excelentes resultados del equipo se deben a su cohesión.

a y **c.** Son imposibles: *team*, es neutro en inglés, por consiguiente vuelve a ser tomado por *its*.
b. *it's* es la contracción de *it is*. El adjetivo posesivo se escribe *its*.

(80) **c. Don't begin unless he tells you!**
¡No comience a menos de que él le diga!

a, b y **d.** Son imposibles después de *unless*.

(81) **b. He ordered that the luggage should be left behind.**
Él dio la orden de que no se llevaran las maletas.

a, c y **d.** Son imposibles después de *to order*.

(82) **a. Excuse me, could you tell me what this word means?**
¿Discúlpeme, podría Ud. decirme lo que significa esta palabra?

b. Imposible después de *what*.

c. Sólo sería posible con una construcción del tipo: *it does mean this word*... "esto significa de hecho que esta palabra...".

d. Posible para preguntas directas con *what*: *What does this word mean?* "¿Qué significa esta palabra?"

(83) **b. How lucky you are!**
¡Qué afortunado es usted!

a. Es posible ya sea solo ó con *to have; what luck (you have)* "¡Qué suerte (tiene usted)!"

c. Imposible con *you are*. Se podría tener *such luck*: ¡Una (gran) suerte! o *you have such luck!* "¡Usted tiene una (gran) suerte!"

d. Debería ser *You have so much luck!* "¡Usted tiene tanta suerte!"

(84) **d. That fire wasn't the first one, was it?**
Este incendio no fue el primero, ¿verdad?

a, b y **c.** Imposibles en razón del inicio de la frase.

(85) **b. I only need half as many chairs.**
Solamente tengo necesidad de la mitad de sillas.

a, c y **d.** Son imposibles después de *half*.

(86) **a. He need not buy it today.**
Él no tiene necesidad de comprarlo hoy.

b. Se requeriría: *he does not need to buy it today*.

c. Desaconsejable, *need* no puede llevar a la vez "s" en la 3a persona (para verbos regulares) y construirse con *not* (defectivo).

d. Se requeriría *he does not need to*.

⑧⑦ **a. We need any help we can get.**
Necesitamos cualquier ayuda que podamos obtener.

b. Imposible en razón del final de la frase (*we can get*); se podría tener: *we need some help* "(nosotros) necesitamos alguna ayuda".

c y **d.** *anyone* "cualquiera, no importa quién" y *everyone* "cada uno" son pronombres puesto que falta un adjetivo.

⑧⑧ **d. The less said about it, the better.**
Mientras menos se diga, es mejor.

a. *lest* es una conjunción que significa "por miedo a, por temor de".

b. *the least* es un superlativo: "el menor" el cual necesita de un comparativo paralelo a *the better*.

c. *lesser* es un adjetivo que significa "menor", "de menor importancia".

⑧⑨ **c. He isn't so strong as he used to be.**
Él no es tan fuerte como lo era (antes).

a y **b.** Con el verbo "to be" al principio de la frase (*isn't*), es necesario volver a tomar *to be*.

d. Imposible aquí. Utilizado en formas como *he was used to it* "él tenía la costumbre de ello", *he is used to driving* "el está acostumbrado a manejar".

⑨⓪ **b. Who else could it be?**
¿Quién más podría ser?

a. Imposible, no es gramatical.

c. Imposible, no es gramatical.

d. Solo sería posible bajo la forma: *who could the other be?* ¿Quién podría ser el otro?

(91) d. **Who did you say met her yesterday?**
¿Quién dijo usted que la encontró ayer?

    a. Imposible, falta un sujeto. Se requeriría por ejemplo: *where did you say John met her yesterday*? "¿En dónde dijo usted que Juan la encontró ayer?"
    b y **c.** Se necesitaría otra construcción del tipo: *Whom did you meet yesterday*? "¿A quién encontró usted ayer?" o *whose friend did you meet yesterday*? "¿El amigo de quién (cuál amigo) encontró usted ayer?"

(92) b. **Do you think they will come back? —I hope not.**
¿Piensa usted que ellos volverán? ¡Espero que no!

    a y **c.** Imposible. *No* o *that not* anunciarían una continuación y no permitirían terminar la frase.
    d. Imposible: *I don't hope so*, sería posible.

(93) b. **The Germans, in this, differ from the French.**
Los alemanes, en esto, difieren de los franceses.

    a, c y **d.** *the German, the Briton, the Swede* son singulares que no pueden tener concordancia con la forma plural de *differ*.

(94) d. **He was late again, which was to be expected.**
Él llegó tarde otra vez, como era de esperarse.

    a. *what* anuncia lo que viene después pero no informa de lo que precede.
    b. *so as* está incorrecto; *so as to* + *verbo* significa "con el fin de" + verbo.
    c. *such as* "tal como" está seguido de uno o varios sustantivos y no de un grupo verbal.

(95) a. **We'll take either the train or the bus.**
Tomaremos ya sea el tren o el autobús.

    b, c y **d.** Son imposibles. *Either* exige *or*.

(96) **b. Let me be clearly understood.**
Que yo sea bien comprendido.

a y c. Imposibles. El verbo que viene después de *to be* no puede estar en infinitivo (con o sin *to*).

d. *Understanding. To be* puede estar seguido ciertamente de un verbo que termine en —*ing* pero el contexto (*let me be clearly*) excluye aquí esta solución.

(97) **c. I won't have you say that sort of thing.**
No lo dejaré decir ese tipo de cosa.

a. Para que esta solución fuera válida, sería necesaria una construcción del tipo: *I won't have it said that you. . .* "No quiero que se diga que usted. . ." o *I won't have you said to be. . .* "No quiero que se diga que usted es. . ."

b y d. Construcciones imposibles aquí.

(98) **d. I'm looking forward to hearing from you soon.**
Tengo prisa por tener noticias tuyas.

a, b y c. Son imposibles porque *to* es una preposición, por consiguiente seguida de un verbo en la terminación —*ing*.

(99) **b. Can you spare me 5 minutes? —Yes I can.**
¿Puede usted concederme 5 minutos? Sí, (claro).

a. Imposible, se requiere volver a tomar el mismo auxiliar, *can*.

c. Falso porque sólo hay que volver a tomar el auxiliar (*can*).

d. Con *no*, la respuesta sería *no, I can't*.

(100) **b. Come and spend the week-end with us! —I'd like to.**
¡Venga a pasar el fin de semana con nosotros! Me gustaría mucho.

a. No es idiomática.

c. Sólo sería posible en *I'd like it so*, "Me gustaría tanto eso."

d. Gramaticalmente es imposible.

RESULTADOS Y DIAGNÓSTICO

→ **De 80 a 100 sobre 100:** muy buen conocimiento de las estructuras, usted puede continuar construyendo su inglés sobre una base sólida.

→ **De 60 a 80 sobre 100:** buenos conocimientos. Las faltas y errores que usted comete no le impiden comunicarse.

Sin embargo, algunas de ellas pueden dar como resultado la incomprensión de su auditorio.

Sus problemas gramaticales serán un obstáculo principalmente si usted tiene necesidad de manejar la lengua escrita donde las faltas serán aún más notorias.

→ **De 40 a 60 sobre 100:** usted se da a entender, pero la falta de conocimientos precisos y claros lleva el riesgo de retrasar su progreso futuro.

→ **De 20 a 40 sobre 100:** conocimientos muy vagos. Corre el riesgo de no entender y de no ser entendido sin que sepa por qué.

Algunas de sus faltas son fallas no muy graves, otras le impedirán darse a entender.

Su haber teórico es insuficiente. Le falta el conocimiento claro o la práctica automática de las reglas de base sin las cuales usted nunca se sentirá cómodo en Inglés. Según sus interlocutores y su temperamento, usted puede comunicarse más o menos o casi nada; un estudio o una revisión sólida se hacen necesarias.

→ **De 0 a 20 sobre 100:** usted está en problemas, es necesario ponerse a trabajar. El presente fascículo (parte **B**) le ayudará. Pero una obra de base (Inglés para todos en 40 lecciones, por ejemplo parece igualmente necesario).

No dude en volver a revisar aún lo que usted cree conocer.

PARTE B
Explicaciones y ejercicios

- Cada uno de los 100 puntos de gramática de esta parte **B** —acompañados de ejercicios y pruebas— corresponden a las 100 preguntas de la parte **A** (y de la parte **C**). Usted encontrará aquí una serie de explicaciones que le permitirán corregir sus errores y mejorar su nivel.
- Cuando usted haya tenido conocimiento de sus errores y cuando haya comprendido los mecanismos que desconocía, vuelva a repetir los ejercicios que se le proponen (y que van seguidos de sus respuestas).
- Usted podrá, al término de este trabajo, evaluar su progreso pasando a la sección **C** (evaluación) en donde volverá a someterse a una serie de preguntas para reafirmar lo aprendido.

Se distingue el presente simple y el presente continuo.
El presente simple es el infinitivo sin *to* conjugado con
los pronombres personales. Se pone "s" en la 3a per-
sona del singular.

It rains. Llueve.

El presente continuo se construye conjugando el ver-
bo *to be* en presente, seguido del participio presente
del verbo el cual se forma añadiendo *-ing* al infinitivo
(de ahí la llamada terminación en *-ing*).

It is raining. Está lloviendo.

- El presente simple se emplea cada vez que se enun-
cia un hecho establecido, una idea general.

    It rains a lot in Scotland. Llueve mucho en Escocia.
    We have dinner at seven. Cenamos a las siete.

- El presente continuo se emplea cada vez que se des-
cribe una actividad que se está realizando.

    It's raining cats and dogs. Está lloviendo gatos y perros.
    I'm reading my paper. Estoy leyendo mi periódico.

→ Estas dos formas del presente no son intercambiables.
Además ciertos verbos que tienen un sentido abstrac-
to, no se conjugan en la forma en *-ing*:

    To know, to understand, to own, etc.
    Saber, comprender, poseer, etc.

O bien aún, son verbos de percepción:

    To hear, to see, to taste, etc. Oír, ver, gustar, etc.

→ En el ejemplo escogido para la pregunta A.1: *Look! it's
raining,* la presencia de *look* indica que llueve en este
momento mismo, y por consiguiente se usa el presen-
te con la terminación en *-ing*.

→ *Observación.* —En la lengua hablada se contracta:

I am en *I'm*	*You are* en *You're*
It is en *It's*	*We are* en *We're*
He is en *He's*	*They are* en *They're*
She is en *She's*	

■ EJERCICIOS

Selecciónese la respuesta correcta

① **Look! It.........!**
   a. Snows   c. has snow
   b. 's snowing   d. snow

② **Listen! they..........!**
   a. leave   c. are leaving
   b. leaves   d. is leaving

Conjúguese en la forma apropiada el verbo entre paréntesis.

③ **Don't disturb me! I........ (work)**

Traduzca

④ **Ella está escuchando el radio.**
⑤ **Llueve a menudo en este país.**

■ RESPUESTAS

① **b. Look! It's snowing.**
   ¡Mira! Está nevando.

② **c. Listen! they're leaving.**
   ¡Escucha! Ellos se están yendo.

③ **Don't disturb me! I'm working.** No me moleste, estoy trabajando.

④ **She's listening to the radio.**
⑤ **It often rains in this country** (afirmación general que no implica que llueva en este momento).

Se obtiene añadiendo -*ed* a los verbos llamados regulares.

To ask, I asked. Preguntar, yo pregunté.

Los otros verbos llamados irregulares, cambian de forma. Ejemplo:

To understand, I understood. Entender, yo entendí/yo he entendido.*

Es por excelencia el tiempo que se ha empleado para designar hechos que se han suscitado en un momento específico del pasado. Se emplea cada vez que se habla de acontecimientos pasados y fechados o terminados y especificados en el tiempo.

Por consiguiente, se le utilizará siempre que, en relación a un hecho pasado, pueda responderse a la pregunta "cuándo". Poco importa si se trata de un hecho pasado lejano o reciente.

I visited it yesterday. Yo lo visité ayer.

I visited it in 1960. Lo visité en 1960.

Según el caso, será traducido por un copretérito, un pretérito o un presente perfecto.

En el ejemplo escogido para la pregunta A2

She phoned me last week.

Estamos frente a un hecho a la vez terminado y precisado en el tiempo:

last week, la semana pasada.

Es por consiguiente normal y necesario emplear el pretérito.

---

* N. del T. El pretérito en inglés puede traducirse por 3 tiempos verbales en español, según el contexto: pretérito, copretérito o presente perfecto (equivale más o menos al antepresente del Español).

■ EJERCICIOS

Selecciónese la respuesta correcta

① He......... with us in 1978.
   a. has worked   c. has been working
   b. worked   d. has had work

② We......... him last month.
   a. saw   c. to see
   b. have seen   d. 'd see

Conjúguese en la forma apropiada el verbo entre paréntesis.

③ They......... (to meet) John last year.

Tradúzcase

④ Yo le hablé por teléfono el martes pasado (a él).
⑤ ¿Cuándo lo encontró Ud?

■ RESPUESTAS

① b. He worked with us in 1978.
   Él trabajó con nosotros en 1978.

② a. We saw him last month.
   Lo vimos el mes pasado.

③ They met John last year.
   Ellos se reunieron con John el año pasado.

④ I phoned him last Tuesday.
⑤ When did you meet him?

→ Se emplea el pretérito porque la pregunta hace alusión a un hecho pasado y fechado.

to have + participio pasado

I have travelled. He viajado.

Atención: El *presente perfecto* del Inglés tiene la misma forma que el antepresente Español con el verbo haber, pero su uso es muy diferente. En tanto que el antepresente del Español es un tiempo del pasado —con mayor frecuencia se traduce por un pretérito del Inglés.

Le he visto ayer. **I met him yesterday.**
(Le vi)

el *presente perfecto* es más bien un tiempo del presente, que se traducirá por un presente del Español.

I have been waiting for two hours.
Espero desde hace dos horas.
(He estado esperando desde. . .)

* Se emplea para designar una acción pasada, concluida, pero no fechada (no se puede responder a la pregunta ¿"cuándo"?).

Yo lo he encontrado (a él). **I have met him.**

a diferencia de

Yo lo encontré en 1978. **I met him in 1978** (cf. B.2).

* Se emplea para designar una acción comenzada en el pasado y que todavía persiste en el momento presente. En este caso, se emplea la forma en **-ing** para insistir sobre el hecho de que la acción aún continúa.

Ella ha estado trabajando durante cinco días.
She has been working for five days.

→ *Observaciones:* "Desde" se traduce por **since** cuando indica el punto de partida de una acción.

desde el lunes, **since Monday.**

Desde, se traduce por **for,** cuando se trata de una duración determinada: desde hace cinco días y durante cinco días, cinco días han pasado:

for five days.

En el ejemplo escogido para la pregunta A.3:

The plumber has been working for two hours

la acción de trabajar ha comenzado en el pasado y continúa en el presente: *presente perfecto,* terminación en **-ing,** es lo indicado;

esta acción empezó desde hace dos horas (tiempo transcurrido):

for two hours.

■ EJERCICIOS

Selecciónese la respuesta correcta

1. I......... two hours.
   a. have been working
      since   c. work since
   b. have been working for   d. am working for

2. She......... 2 o'clock.
   a. 's reading for   c. 's been reading since
   b. 's reading since   d. reads since

Conjúguese en la forma apropiada el verbo entre paréntesis.

3. We......... (to wait) for a week.

Tradúzcase

4. Yo he estado aquí desde hace 5 minutos.
5. Él ha estado trabajando desde esta mañana.

■ RESPUESTAS

1. **b. I have been working for 2 hours.**
   Yo he estado trabajando desde hace 2 horas.

   Presente perfecto + **-ing** porque es una acción comenzada en el pasado y que continúa en el presente; **for** porque **two hours** no indica el punto de partida sino el tiempo transcurrido.

2. **c. She's been reading since 2 o'clock.**
   Ella ha estado leyendo desde las 2.

   Presente perfecto + **-ing** porque la acción comienza en el pasado y continúa en el presente. **Since** porque **two o'clock** indica el punto de partida.

3. **We have been waiting for 2 days.** Nosotros hemos estado esperando durante 2 días.

4. **I have been here for five minutes.**
5. **He has been working since this morning.**

Para todos los verbos distintos a los auxiliares **to be, to have, shall, will, should, would, can, must, may** se puede recurrir al auxiliar **to do** al hacer una pregunta.

They work hard.	**Do they work hard?**
Ellos trabajan duro.	¿Trabajan ellos duro?
We saw Bob.	**Did you see Bob?**
Nosotros vimos a Bob.	¿Vieron Uds. a Bob?
She drives fast.	**Does she drive fast?**
Ella maneja (conduce) rápido.	¿Maneja ella rápido?

El orden de las palabras es:

do + sujeto + verbo (+ complemento)

El verbo se presenta en su forma infinitiva, sin **to,** y es **do** quien lleva la marca del tiempo y se vuelve **did** en pretérito.

En el ejemplo escogido para la prueba A.4,

The question is:
Does he understand the problem?

la marca de la 3a persona del singular del presente aparece también en **to do.**

■ EJERCICIOS

Póngase la forma interrogativa
① **We saw them.**

Tradúzcase:
② **¿Dónde vive usted?**
③ **¿Cuándo compró este libro?**

■ RESPUESTAS

① **Did you see them?** ¿Los vio usted?

② **Where do you live?**
③ **When did you buy this book?**

En el Inglés, una pregunta que comienza con un auxiliar generalmente no es contestada únicamente con sí o con no: se vuelve a tomar el auxiliar,

* en la forma afirmativa después de **yes,**
* en la forma negativa después de **no.**

> **Did you see her yesterday? Yes, I did. No, I didn't.**
> ¿La vio usted ayer? Sí. No.
> **Have they bought it? Yes, they have. No, they haven't.**
> ¿Lo (la) compraron ellos? Sí. No.

→ *Observaciones:*

— En el ejemplo escogido para la pregunta A.5,

> **Did she see you? No, she didn't.**

El auxiliar **did** vuelve a tomar la forma negativa después de **no.**

— **Didn't** es la contracción de **did not,** y como en todas las contracciones de este género, el auxiliar y la negación se fusionan y la **o** de **not** se sustituye por un apóstrofe.

Éstas son las formas con contracción que se utilizan en la lengua hablada.

■ EJERCICIOS

Responda con Sí o con No

(1) **Would you like to try?** ¿Le (a Ud.) gustaría intentarlo?

Traduzca

(2) **¿Le gustaría volver a verle? Sí.**
(3) **¿Esto no le sorprende? Sí.**

■ RESPUESTAS

(1) **Yes, I would; no, I wouldn't.**

(2) **Would you like to meet him? Yes, I would.**
(3) **Doesn't it surprise you? Yes, it does.**

We'll leave when he is ready.
Partiremos cuando él esté listo.

→ *Observaciones:*

— Cuando **when** asuma el significado de "cuando", irá seguido del presente perfecto Inglés, en lugar del antepresente de subjuntivo del Español.

We'll leave when he has phoned.
Partiremos cuando (él) haya telefoneado.

— Lo mismo sucede con las conjunciones de tiempo **as soon as, as early as,** "cuando, desde que", requiere el subjuntivo presente.

We'll leave as soon as he is ready.
Partiremos cuando él esté listo.

— En aquellos casos en los que **when** es un interrogativo con el significado de "en qué fecha, en qué momento", puede ir seguido de un futuro.

When will you leave? ¿Cuándo (en qué fecha) partirá usted?
Esto es igualmente válido para el estilo indirecto.

I wonder when he will leave.
Me pregunto cuándo (= en qué fecha) (él) partirá.

→ En el ejemplo escogido para la pregunta A.6

When you meet Henry, tell him the truth

when significa "cuando". El tiempo verbal utilizado no puede ser el futuro, y solamente conviene el presente de **meet** del Inglés.

■ EJERCICIOS

Selecciónese la respuesta correcta

① **Don't forget to give it to her when you...... her.**
- a. will see
- b. see
- c. shall see
- d. 'll see

② **When.......... you know the exact date of his arrival?**
- a. do
- b. is it
- c. will
- d. shall

Tradúzcase

③ **Le daré (a Ud.) los resultados cuando (yo) los conozca.**

④ **Bob hablará por teléfono cuando Linda haya llegado.**

⑤ **No olvide (Ud.) decírselo cuando le vea.**

■ RESPUESTAS

① **b. Don't forget to give it to her when you see her.**
No olvide dárselo cuando la vea.

② **c. When will you know the exact date of his arrival?**
¿Cuándo (en qué momento) sabrá (Ud.) la fecha exacta de su llegada?

③ **I'll give you the results as soon as I know them (have them, get them).**

④ **Bob will phone as soon as Linda has arrived.**

⑤ **Don't forget to tell it to him (to tell him) when you see him.**

El verbo **I can,** "poder", no tiene infinitivo, ni participio pasado. Es porque carece de estas formas que se le llama "defectivo".

No se puede conjugar con **to do,** ni con los auxiliares **shall, will, should, would.**

Por consiguiente, no puede emplearse en futuro; sino que se le remplaza por su equivalente **to be able to,** "ser capaz de".

→ *Observaciones:*

• **I must,** yo debo; **I may,** yo puedo, con el sentido de autorización o de casualidad, son igualmente defectivos.

• En el tiempo futuro se sustituye **must** por su equivalente **to have to** "deber de, estar obligado a, tener que". **May** se remplaza por su equivalente **to be allowed to,** "estar autorizado a, tener derecho a".

→ En el ejemplo seleccionado para la pregunta A.7
   He will be able to help you
   can es imposible, porque se trata de un futuro, y es necesario recurrir a **to be able to.**

→ Para más información sobre los defectivos, véase B.14.

■ EJERCICIOS

Tradúzcase
(1) **No podremos terminarlo.**
(2) **Usted tendrá derecho a guardarlo.**
(3) **Será necesario que él venga (= tendrá que venir).**

■ RESPUESTAS

(1) **When shan't be able to finish it.**
(2) **You will be allowed to keep it.**
(3) **He will have to come.**

- ''Yo debería'' + verbo:

  I should + verbo en infinitivo sin **to**.
  I should phone him. Yo debería (a él) hablarle por teléfono.
  You should phone him. Tú deberías (a él) hablarle por teléfono.

- ''Yo debería haber'' + verbo:

  I should have + participio pasado del verbo.
  I should have phoned. Yo debería haber telefoneado.
  You should have phoned. Tú deberías haber telefoneado (o hablado por teléfono).

→ En la pregunta A.8 **She should have asked me (c)** es la única forma correcta.

  En efecto **should** y **would** sólo pueden ir seguidos de un infinitivo (sin **to**).

■ EJERCICIOS

Selecciónese la respuesta correcta

(1) **She......... told us**

  a. should   c. should have
  b. would   d. should had

(2) **You......... never do that**

  a. should   c. should have
  b. should had   d. would have

Tradúzcase

(3) **Usted debería haber venido.**
(4) **Ellos deberían haber respondido.**
(5) **¿Deberían ellos haber telefoneado?**

■ RESPUESTAS

(1) **c. She should have told us.**
    Ella debería habérnoslo dicho.
(2) **a. You should never do that.**
    Usted no debería hacer eso nunca.

(3) **You should have come.**
(4) **They should have answered.**
(5) **Should they have phoned?**

• "Yo quiero que" + sujeto + verbo =

I want + sustantivo (o pronombre personal complemento) + verbo en infinitivo con **to**.

> **I want them to come.** Yo quiero que ellos vengan.
> **She wants me to sing.** Ella quiere que yo cante.
> **Do you want me to come?** ¿Quiere usted que yo venga?

→ *Observación.* —Se utiliza la misma construcción después de "me gustaría que" + sujeto + verbo =

I would like, I'd like: + sustantivo (o pronombre personal complemento) + verbo en infinitivo con **to**.

> **I'd like you to come.** Me gustaría que Ud. viniera.
> **She'd like me to come.** A ella le gustaría que yo viniera.

■ EJERCICIOS

Tradúzcase
1. **Ellos quieren que usted responda.**
2. **Ella quería que nosotros escribiéramos.**
3. **Me gustaría que usted me esperara.**

■ RESPUESTAS

1. **They want you to answer.**
2. **She wanted us to write.**
3. **I'd like you to wait for me.**

• El orden de las palabras después de una pregunta que comienza por una palabra interrogativa es:

Palabra Interrogativa	auxiliar	sujeto	verbo	complemento (algunas veces)
Where	**will**	**Bob**	**meet**	**her?**
¿Dónde	la encontrará Bob?			
What	**did**	**you**	**do**	**yesterday?**
¿Qué	hizo usted ayer?			
When	**could**	**I**	**see**	**them?**
¿Cuándo	podré verlos?			

→ *Observación:* desde luego, el orden de las palabras es diferente cuando **who** y **what** son sujetos.

> **Who will do it?** ¿Quién lo hará?
> **What makes you think so?** ¿Qué le hace (a Ud.) pensar así?

excepto:

> **Who(m) did you see?** ¿A quién vio usted? (**who** = complemento; cf. B.91. Observación).
> **What did you say?** ¿Qué ha dicho usted? (**what** = complemento).

→ En el ejemplo seleccionado para la pregunta A.10. **Where does he live?,** el orden de las palabras después del interrogativo **where** es como de costumbre: palabra interrogativa, auxiliar, sujeto y verbo.

■ EJERCICIOS

Tradúzcase

①   **¿A quién vio usted ayer?**
②   **¿Quién vio a Bob ayer?**
③   **¿Cómo quiere usted su carne?**

■ RESPUESTAS

①   **Who did you see yesterday?**
②   **Who saw Bob yesterday (who: sujeto)?**
③   **How do you want your meat?**

- Los vocablos **little** (poco) y **few** (pocos) en la forma comparativa darán:

    little **less** "menos" + singular
    few **fewer** "menos" + plural

- Para traducir "cada vez menos" (progresión decreciente) se emplean las formas comparativas de **little** y **few** separadas por **and: less and less** y **fewer and fewer**.

    He has got less and less money.
    Él tiene cada vez menos dinero.
    There are fewer and fewer people.
    Hay cada vez menos personas (gente).

→ *Atención:* **people,** que se traduce por la gente o las gentes, es un sustantivo que designa una colectividad y que se emplea con un verbo en plural (**people** lleva **"s"** sólo cuando significa pueblos).

- Para traducir "cada vez más" (progresión creciente) se emplean igualmente dos comparativos separados por **and** según el esquema siguiente:

    adjetivos cortos = adjetivo terminado en **-er** + **and** + adjetivo terminado en **-er**

    He drives faster and faster.
    Él conduce cada vez más rápido.

    Adjetivos largos: **more and more** + adjetivo.

    Oil is getting more and more expensive.
    El petróleo se vuelve cada vez más caro.

■ EJERCICIOS

Tradúzcase

1. Ellos tienen cada vez menos trabajo.
2. Él tiene cada vez menos tiempo.
3. Ella tiene cada vez menos libros.
4. La vida es cada vez menos fácil.
5. Sus visitas se vuelven cada vez menos frecuentes.
6. Hace cada vez más calor.
7. Es cada vez más caro.
8. Se vuelven cada vez más fuertes.
9. Es cada vez más difícil.
10. Ella está cada vez más bonita.

■ RESPUESTAS

1. They have less and less work.
2. He has got less and less time.
3. She has (got) fewer and fewer books.
4. Life is less and less easy.
5. His visits are getting less and less frequent.
6. It's getting warmer and warmer.
7. It's more and more expensive.
8. They're getting stronger and stronger.
9. It's more and more difficult.
10. She's getting prettier and prettier.
    She is more and more pretty.

- **Any** adjetivo o pronombre (véase B.87), se traduce, según el caso, "algo, algún(os), de eso", en las frases interrogativas.
- **Not any,** "ningún(a), nada, nadie".

> **Have you got any new articles?**
> ¿Tiene usted algunos nuevos artículos?
> **We haven't got any new articles.**
> No tenemos nada de artículos nuevos.

→ *Atención:* en una frase afirmativa, **any** significa, "cualquier(a), no importa cuál, el que sea".

> **Any of you could do it.** Cualquiera de Uds. podría hacerlo.
> **He may come at any moment.**
> Él puede venir en cualquier momento.

- *Palabras derivadas:* **anybody, anyone:** alguien, alguno, no importa quién, cualquier(a), el que sea.

  anything: alguna cosa, cualquier cosa, no importa qué.

  anywhere: alguna parte, algún lado, no importa dónde.

Otras palabras indefinidas

- **Some:** algo, cierto, alguno, de eso.
  Palabras derivadas: **somebody, someone:** alguien, alguno.

  something: alguna cosa.

  somewhere: alguna parte.
- **No,** como adjetivo, equivale a **not any:** ninguno, no, nada de eso.
  Palabras derivadas: **nobody, no one:** nadie.

  nothing: nada.

  nowhere: ningún lado.
- **None,** este pronombre corresponde a **no** como adjetivo: nadie, ninguno, nada.

■ EJERCICIOS

Selecciónese la respuesta correcta.

① They......... petrol left.
- a. haven't got no
- b. have got any
- c. haven't got any
- d. haven't got no

② We haven't got. . . . books left.
- a. some
- b. none
- c. no
- d. any

Tradúzcase

③ Tengo que comprar algunos timbres.
④ ¿Tiene usted (algo de) leche?
⑤ Lo siento, no tenemos (nada de) leche.
⑥ Pero tenemos (algo de) ginebra.
⑦ ¿Puedo adquirir (tomar) algo de eso?
⑧ ¿Usted tomará (algo de) café?
⑨ No les debemos (nada de) dinero.
⑩ No vino ninguno de ellos.

■ RESPUESTAS

① c. **They haven't got any petrol left.**
   No les queda (a ellos) nada de gasolina.
② d. **We haven't got any books left.**
   No nos queda ningún libro.
③ **I must buy some stamps.**
④ **Do you have any milk?**
⑤ **Sorry, we have no milk** o **we haven't got any milk.**
⑥ **But we have some gin.**
⑦ **May I have some?**
⑧ **Will you have some coffee?**
⑨ **We owe them no money** o **we don't owe them any money.**
⑩ **None of them came.**

Cuando **what** (véase también B.94) se emplea para querer decir "lo que"

— es demostrativo y relativo a la vez.
— puede ser sujeto o complemento.

• Sujeto:

> **What was said is interesting.**
> Lo que se dijo es interesante.
> **What struck me was. . .**
> Lo que me llamó la atención fue. . .

• Complemento:

> **Tell me what you want exactly.**
> Dime lo que quieres exactamente.
> **What I liked best were the monuments.**
> Lo que me gustó más, fueron los monumentos.

→ *Observaciones:*

— El verbo **to be** que viene después de **what** puede concordar en número (singular y plural) con el sustantivo que le sigue (ejemplo anterior).

— **What** anuncia lo que va a seguir: en el caso en el que "lo que" vuelva a tomar a lo que precede, se le traduce por **which,** colocándose después de una coma.

> **He told us a funny story, which was most unusual.**
> Él nos contó una historia divertida, que era de lo más extraordinario.

— Para traducir "lo que, a propósito de" se tendrá **what** + verbo + preposición colocada al final de la frase.

> **Tell me what you're thinking of/about.**
> Dígame lo que piensa.

— "Todo lo que": **all that.**

■ EJERCICIOS

Selecciónese la respuesta correcta.

1. We don't understand......... it means.
   a. that   c. which
   b. what   d. why
2. I wish I knew......... they are thinking of.
   a. why   c. what
   b. which   d. that

Tradúzcase

3. Lo que yo prefiero son los entremeses.
4. Lo que él nos describió no es completamente verdad.
5. Escucha cuidadosamente lo que él va a decir.
6. Ella sabe lo que quiere.
7. Él llegó a tiempo lo que, según ella, era más bien poco común.
8. Todo lo que brilla no es oro.
9. Él hizo todo lo que pudo.
10. Lo que me gusta de él es su gentileza.

■ RESPUESTAS

1. We don't understand **what** it means.
   No comprendemos lo que quiere decir eso.
2. I wish I knew **what** they are thinking of.
   Me gustaría saber lo que ellos piensan.
3. What I prefer are the hors-d'oeuvre.
4. What he described us is not completely true.
5. Listen carefully to what he is going to say.
6. She knows what she wants.
7. He arrived on time, which according to her was rather unusual.
8. All that glitters is not gold.
9. He did all that he could.
10. What appeals to me with him is his kindness.

- El verbo **I may:** "yo puedo, puede ser que, tengo la autorización para" no tiene infinitivo, ni participio pasado, ni participio presente: es precisamente el hecho de que carezca de estas formas la razón por la cual se le llama defectivo.

- **May** no puede conjugarse con **to do** o con los auxiliares **shall, will, should, would.**

- **May** indica una eventualidad: "puede ser que yo" o un permiso: "estoy autorizado para"; en este último caso, posee un equivalente: **I am allowed,** que se utilizará en los tiempos que el verbo **may** no funciona, en particular el futuro.

→ *Observaciones:*
1. La ausencia de la **s** en la 3a persona del singular,
2. La ausencia de **to** para introducir el verbo que sigue.
Todas estas particularidades del verbo defectivo **may** se encuentran también en **I can,** "yo puedo, yo soy capaz de", y en **I must** "yo debo".

■ EJERCICIOS

Tradúzcase
1 **Puede ser que esté retrasado.**
2 **Ustedes no estarán autorizados para quedarse después de las 19 horas.**
3 **Puede ser que (a él) no le guste eso.**

■ RESPUESTAS

1 **He may be delayed.**
2 **You won't be allowed to stay after 7 p.m.**
3 **He may not like it.**

Cuando se quiere expresar que una acción es reciente, que está situada entre el pasado y el presente, se emplea una construcción llamada "pasado inmediato", "pasado próximo" o "pasado reciente" la cual se obtiene con el *presente perfecto* + **just,** según el orden siguiente:

have + *adverbio* **just** + *participio pasado*

y que corresponde al presente de "venir de" o "acabar de" + verbo en infinitivo en Español.

I have just finished. Acabo de terminar.
They have just left. Ellos acaban de salir (partir).

→ *Observación:* Se encontrará un esquema análogo para traducir "acababa de" empleando el *antecopretérito* + **just** de acuerdo al siguiente orden:

had + **just** + *participio pasado*

She had just arrived. Ella acababa de llegar.

■ EJERCICIOS

Tradúzcase
(1) **Acabamos de aterrizar en el aeropuerto Kennedy.**
(2) **Acabo de encontrarlos.**
(3) **Él acaba de renunciar.**
(4) **Ella acababa de terminar.**
(5) **Usted acababa de llegar.**
(6) **Yo acababa de salir.**

■ RESPUESTAS

(1) **We have just landed at Kennedy Airport.**
(2) **I have just met them.**
(3) **He has just resigned.**
(4) **She had just finished.**
(5) **You had just arrived.**
(6) **I had just left.**

• **To ask** significa "pedir" en el sentido de "preguntar, hacer una pregunta".

>   **To ask somebody a question.**
>   Hacer una pregunta a alguien/preguntar a alguien.

El nombre o pronombre que indica la persona a quien se hace la pregunta no está precedido de una preposición, a diferencia del Español.

>   **Ask my sister.** Pregunta a mi hermana.
>   **He asked John an unexpected question.**
>   Él hizo a John una pregunta inesperada.

• **To ask** significa también pedir en el sentido de "tratar de obtener".

con una preposición

→ Se utilizará **for** cuando el complemento
  — es una persona que se desea ver

>   **They asked for Michael.**
>   Ellos preguntaron por Miguel.

  — es alguna cosa que se desea obtener

>   **He asked for help.** Él pidió ayuda.

→ Si el complemento de persona viene al final se puede, en ciertas expresiones, introducir la preposición **of**.

>   **I asked a favour of them.**
>   Yo les pedí un favor.

con un complemento + un verbo en infinitivo.

>   **She asked me to repeat my name.**
>   Ella me pidió que repitiera mi nombre.

→ Si el complemento es una cosa, se introduce en general **for,** quedando el infinitivo en pasivo

>   **He asked for his suggestions to be considered.**
>   Él pidió que sus sugerencias fueran consideradas.

■ EJERCICIOS

Tradúzcase
1. Ellos me pidieron que no regresara antes del jueves.
2. Ella me pidió que su expediente le sea enviado.
3. ¿Por qué no hace Ud. la pregunta a mi hermano?
4. Pregunté por el director y por nadie más.
5. ¿Qué quiere él? Él está pidiendo ayuda.
6. Él nos pide (nos está pidiendo) un favor.
7. Se me pidió que me quedara.
8. Él me preguntó su nombre. Se le preguntó su nombre (a él).

■ RESPUESTAS

1. They asked me not to come back before Thursday.
2. She asked for her file to be sent back to her.
3. Why don't you ask my brother?
4. I asked for the director and no one else.
5. What does he want? —He is asking for (some) help.
6. They are asking a favour of us.
7. I was asked to stay.
8. He was asked his name.

Los principales adverbios exclamativos son: **how,** "cómo, cuánto, qué", **such,** "tal, tales, si", **so,** "tanto, tal, si", **what,** "cuál, cuáles, qué" (cf. B.83). Cada uno se construye de una manera particular.

- **How** + adjetivo (o adverbio)

    How interesting (it is)! ¡Qué interesante es!
    How nice of you! ¡Qué amable (es usted)! ¡Cuánta amabilidad!

- **So** + adjetivo o participio pasado o **so** + adjetivo + **a** + sustantivo singular.

→ *Atención:* el orden de las palabras no es el mismo que con **how; so** está precedido de un verbo.

    It's so nice of you! ¡Es tan gentil de su parte!
    I was so surprised. Yo estuve tan sorprendido.

- **Such** + **a** + adjetivo + sustantivo singular
    Such + adjetivo + sustantivo plural

    She is such a good cook! ¡Ella es una cocinera tan buena!
    They are such nice persons! ¡Son unas personas tan simpáticas/amables!

- **What** + **a** + sustantivo (o adjetivo + sustantivo) + (verbo)

    What a pity! ¡Qué desgracia!
    What a strange idea (it is)! ¡Qué rara idea!

→ *Observaciones:*

— En las formas exclamativas con **what** y **how,** el verbo, si lo hay, está antecedido del sujeto y se encuentra después de la exclamación.

    What a pity it is! ¡Qué desgracia (es esto)!
    How nice she is! ¡Qué gentil es ella!

— Puede haber uno o varios adjetivos con **what** o **such.**

    What a nice little boy! ¡Qué amable muchachito!

■ EJERCICIOS

Selecciónese la respuesta adecuada

(1) .... he told us!
   a. so funny story
   b. such funny story
   c. what a funny story
   d. how funny story

(2) .... nice of you!
   a. what
   b. hów
   c. such
   d. how much

(3) She's........ pilot!
   a. such good
   b. such a good
   c. how good
   d. what

Tradúzcase

(4) ¡Ellos hicieron unas historias tan grandes sobre este tema!
(5) ¡Es un gran mentiroso!
(6) ¡Es tan inesperado!
(7) ¡Qué extraño/raro es!

■ RESPUESTAS

(1) **c. What a funny story he told us!**
   ¡Qué historia tan rara (él) nos contó!

(2) **b. How nice of you!**
   ¡Qué gentileza de su parte!/¡Qué gentil!

(3) **b. She is such a good pilot!**
   ¡Ella es tan buena piloto!

(4) **They made such a fuss about it!**
(5) **He is such a liar!**
(6) **It's so unexpected!**
(7) **How strange (it is)!**

Recordatorio. Hay comparación cuando se establece entre dos términos relaciones de *igualdad* [tan (grande) como]; de *desigualdad* [no tan (grande) como], de *inferioridad* [menos (grande) que] y de *superioridad* [más (grande) que].

La construcción del comparativo de superioridad depende en Inglés del tamaño del adjetivo.

- Si es corto, una sílaba, se le añade **-er;** el complemento se introduce por **than.**

  Smaller. Más pequeño.
  Smaller than. . . Más pequeño que.

→ *Observación:* Cuando el adjetivo se termina por una consonante precedida por una sola vocal, se duplica dicha consonante.

  Big. Grande, grueso.
  Bigger. Más grande, más grueso.

- Cuando el adjetivo es largo, dos sílabas o más, se le antepone **more,** ''más''.

  More expensive. Más costoso.
  More expensive than. . . Más costoso que. . .

→ *Observación:* Los adjetivos de dos sílabas terminadas en **-y, -w, -er, -some,** pueden tratarse como cortos o largos.

  Cosy, confortable, cómodo,
  Narrow, estrecho,
  Clever, inteligente,

  Cosier o **more cosy,** más confortable.
  Narrower o **more narrow,** más estrecho.
  Cleverer o **more clever,** más inteligente.

■ EJERCICIOS

Selecciónese la respuesta correcta

(1) Their football team is......... ours.
- a. more strong than
- b. stronger than
- c. stronger that
- d. stronger as

Tradúzcase

(2) La gasolina es más cara que el año pasado.

(3) Ella es más bonita que su hermana.

(4) Él es más grande que su hermano.

(5) Ellos son más trabajadores de lo que yo pensaba.

■ RESPUESTAS

(1) b. Their football team is stronger than ours.
Su equipo de fútbol es más fuerte que el nuestro.

(2) Petrol is more expensive than last year.

(3) She is prettier (o more pretty) than her sister.

(4) He is taller than his brother.

(5) They are more hardworking than I thought.

Recordatorio: *el caso posesivo.* Para indicar la posesión;
la pertenencia o un grado de parentesco, se emplea
la construcción:

poseedor + **'s** + lo poseído (o el parentesco)

> **My friend's car.** El coche de mi amigo.
> **John's book.** El libro de Juan.

→ *Observaciones:*

— Nótese la ausencia de artículo delante de todo lo
que es poseído.

— Si el poseedor es un plural no terminado por **s**, irá
seguido de **'s**.

> **The children's bicycles.** Las bicicletas de los niños.

— Si el poseedor es un plural terminado por **s**, irá se-
guido sólo del apóstrofe.

> **My friends' car.** El coche de mis amigos.

• Las preguntas que principian por el interrogativo **who-
se** ("de quién"...?), tendrán frecuentemente una res-
puesta que incluya un sustantivo en caso posesivo.

→ *Atención: Se sobrentiende frecuentemente lo que está
poseído (o lo que tiene un grado de parentesco) y que
ya ha sido expresado en la pregunta:*

> **Whose watch is it? It is my friend's (watch).**
> ¿De quién es ese reloj? Es de mi amigo.

→ *Observación:* Se puede igualmente encontrar como res-
puesta a este tipo de pregunta: Un sustantivo prece-
dido de un adjetivo posesivo.

> **It's her car.** Es su coche.

Un pronombre posesivo

> **It's mine.** Es mío.

■ EJERCICIOS

Tradúzcase

1. **¿De quién es esta casa?**
   a. Es de Margarita.
   b. Es mi casa.
   c. Es la mía.

2. **¿De quién son estos zapatos?**
   a. Son de Patricia.
   b. Son unos zapatos.
   c. Son de nosotros.

3. **¿De quién es este pasaporte?**
   a. Es de este señor.
   b. Es de esta dama.
   c. Es su pasaporte (de él o de ella).
   d. Es el suyo (de él o de ella).

■ RESPUESTAS

1. **Whose house is this?**
   a. It's Margaret's.
   b. It's my house.
   c. It's mine.

2. **Whose shoes are these?**
   a. They are Patricia's.
   b. They are her shoes.
   c. They are ours.

3. **Whose passport is this?**
   a. It's this gentleman's.
   b. It's this lady's.
   c. It's his passport, her passport.
   d. It's his, it's hers.

Es posible comparar esta expresión con un verbo defectivo:

— Sólo existe en un tiempo (en Inglés): es un pretérito con significado de condicional presente. **I had rather** o **I would rather,** "yo preferiría", se construyen de manera análoga.

— No tiene más que una sola forma en todas las personas.

— Está seguida del infinitivo sin **to** o infinitivo simple.

→ *Observaciones:*

En la lengua hablada, se emplea la forma con construcción **I'd better.**

He'd better hurry if he wants to catch his plane. Sería mejor que se apresurara (sería mejor que él se apresure) si quiere tomar el avión.

— Esta frase expresa el sentimiento del que habla.

— La forma interrogativa es rara.

■ EJERCICIOS

Selecciónese la respuesta correcta
(1) **They'd better . . . .**
  a. To stop smoking   c. Stop smoking
  b. They stopped smoking   d. Them stop smoking

Tradúzcase
(2) **Usted haría bien si les previniera (sería mejor prevenirlos).**
(3) **Sería mejor que ella llamara al doctor.**
(4) **Sería mejor que partiéramos temprano.**
(5) **Sería mejor que no insistiera.**

■ RESPUESTAS

(1) **c. They'd better stop smoking.**
   Sería mejor que (ellos) dejaran de fumar.

(2) **You'd better warn them.**
(3) **She had better send for a doctor.**
(4) **We'd better leave early.**
(5) **I had better not insist.**

---

* N. del T. En Español se usa más a menudo la forma conjugada en la 3a. persona del singular: "sería mejor que". El condicional en Español exige el uso del subjuntivo en la frase que le sigue.

En Inglés, el verbo se expresa siempre en la forma en **-ing** después de:

— *Ciertas expresiones*

To be busy = estar ocupado en.
To be worth = valer la pena.
I can't help = no puedo evitar.
It's no use = no sirve de nada.

— *Ciertos verbos*

To avoid = evitar.
To enjoy = disfrutar a.
To consider = considerar.
To mind = tener (un) inconveniente en.
To resent = irritarse.
To risk = arriesgarse.
To keep = no dejar de, mantenerse.

— *Todas las preposiciones,* incluyendo la preposición **to,** sobre todo en las expresiones verbales:

To be used to = estar acostumbrado a.
To get used to = acostumbrarse a.
To look forward to = mirar (o esperar) con ímpetu.
To object to = encontrar objeción en.

■ EJERCICIOS

Tradúzcase

(1) **Los precios no dejan de subir.**
(2) **No sirve de nada gritar.**
(3) **No sirve de nada correr.**

■ RESPUESTAS

(1) **Prices keep rising.**
(2) **It's no use shouting.**
(3) **It's no use running.**

Since puede ser preposición o conjunción.

- Preposición: **since** = "desde" + fecha, hora o cualquier elemento que precise el inicio de la acción.

    I've been working with him since 1978.
    He estado trabajando con él desde 1978.
    She has been waiting for you since 2 p.m.
    Ella lo ha estado esperando desde las 2 p.m.
    He's been using my car since January.
    Él ha estado usando mi coche desde enero.

→ Obsérvese el empleo del *presente perfecto* en todos los ejemplos anteriores.

- Conjunción de subordinación: **since** = "desde que".
  — Acción fechada y terminada: **since** + pretérito.

    I have seen him regularly since we first met in 1978.
    Lo he estado viendo regularmente desde que nos encontramos en 1978.

→ Se emplea algunas veces el adverbio **first** para reforzar este sentido.
  — Acciones que se desarrollan paralelamente: **since** + *presente perfecto*

    Since I have known him, he's never mentioned this subject.
    Desde que lo conocí, no ha mencionado nunca este tema.

- Conjunción de subordinación: **since** = "puesto que, ya que".

    Since you know him, tell him about me.
    Ya que usted lo conoce, háblele de mí.
    Since you'll see him soon, send him my best [regards].
    Puesto que lo verá pronto, envíele mis mejores saludos.

→ *Atención:* **Since** significa a veces "puesto que", otras veces "desde que". Al traducirlo verifíquese si el vocablo **since** puede ser sustituido por **as,** en cuyo caso significa "puesto que, ya que, como".

■ EJERCICIOS

Selecciónese la respuesta correcta

(1) **They've been studying English since.........**
- a. Two months
- b. October
- c. next year
- d. they live here

(2) **We've been living in this house since we........**
London.
- a. left
- b. have left
- c. leave
- d. leaving

(3) **I have liked his pleasant character since I.......**
him.
- a. know
- b. knew
- c. knowing
- d. have known

(4) **Send it to him since you......... where he lives.**
- a. knowing
- b. know
- c. have known
- d. knew

Tradúzcase

(5) **No le he vuelto a ver desde el año pasado.**

■ RESPUESTAS

(1) b. **They've been studying English since October.**
Ellos han estado estudiando Inglés desde octubre.

(2) a. **We've been living in this house since we left London.**
Hemos estado viviendo en esta casa desde que salimos de Londres.

(3) d. **I have liked his pleasant character since I have known him.**
Me ha gustado su agradable carácter desde que lo conocí.

(4) **Send it to him since you know where he lives.**
Regréseselo Ud. a él ya que usted sabe donde vive.

(5) **I haven't seen her since last year.**

Hay dos casos: el deseo se refiere a un acontecimiento que va a suceder o potencial, o sobre un hecho no realizado o irreal.

- **I wish** + potencial: se introduce el segundo verbo con **would** o **could**.

> **I wish she would come (she'd come).**
> Yo deseo que ella venga.
> **We wish they could succeed.**
> Nosotros deseamos que ellos puedan triunfar.

En el primer caso, el deseo conlleva implícitamente (**would**) el consentimiento; en el segundo caso (**could**) la posibilidad.

- **I wish** + irreal

— El deseo (o la pena) se refieren al presente, la estructura utilizada será: **I wish** + pretérito.

> **I wish I were rich**
> ¡Yo deseo ser rico!/¡cómo me gustaría que yo fuera rico! (Sobrentendido: pero no lo soy).
> **I wish I had time!**
> ¡Si tuviera tiempo!

— El deseo (o la pena) se refiere al pasado: **I wish** + *antepretérito de subjuntivo del Español*

> **I wish she had told me about it.**
> Me hubiera gustado que ella me hubiera hablado de eso (sobrentendido: lamento que no haya dicho nada).

→ *Observación:* en pasado, se aplica la concordancia de los tiempos con el antecopretérito o el pretérito.

> **They wished they had worked harder.**
> Ellos lamentaron no haber trabajado más.

- **I were**

La forma **I were, he, she, it were** y también, naturalmente, las formas habituales **we, you, they were,** es la forma única del pretérito de **to be,** empleada para denotar esta idea de irrealidad. Se le encuentra en expresiones comunes:

> **If I were you.** Si yo fuera usted.
> **As it were.** Por decirlo así/en cierta forma.

→ *Observación:* En la lengua familiar, **If I** (o **he, she, it**) **were** se vuelve muchas veces: **If I** (**he, she, it**) **was.**

> **If I was rich = If I were rich.** Si yo fuera rico.

■ EJERCICIOS

Selecciónese la respuesta correcta

1. **The trip was very exciting; I wish you.........**
   - a. came
   - b. would come
   - c. to come
   - d. had come

2. **I wish I......... rich.**
   - a. are
   - b. were
   - c. to be
   - d. be

3. **I didn't know she'd been ill; I wish you.........
   me.**
   - a. told
   - b. would tell
   - c. 'd told
   - d. to tell

Tradúzcase

4. ¡Ah! ¡si yo fuera rico!
5. ¡Ah! ¡si Ud. hubiera venido!
6. ¡Yo desearía que él pudiera venir!

■ RESPUESTAS

1. **d. The trip was very exciting; I wish you had come.**
   El viaje fue apasionante, lamento que usted no haya venido.

2. **b. I wish I were rich!**
   ¡Si yo fuera rico!

3. **c. I didn't know she'd been ill; I wish you'd told me.**
   Yo no sabía que ella había estado enferma; lamento que usted no me dijera nada.

4. **I wish I were rich!**
5. **I wish you'd come!**
6. **I wish he could come!**

I'd like, "me gustaría" (como I want, "yo quiero", I'd love, "me gustaría", I expect, "yo espero"), van seguidos de la proposición infinitiva (cf. B.9).

→ *Atención:* I'd like, así como I want, I'd love, I expect, etc. no van nunca seguidos de un pronombre sujeto.
I'd like + sustantivo o pronombre personal complemento + infinitivo completo + complementos.
El verbo está siempre en infinitivo completo con to.
El pronombre, si lo hay, está siempre en forma de complemento.

> **I'd like Peter to come (with us).**
> Me gustaría que Pedro viniera (con nosotros).
> **She'd like him to invite her.**
> (A ella) le gustaría que él la invitara.
> **They'd like us to join them.**
> (A ellos) les gustaría que nos les uniéramos.
> **You'd like Peter and Mary to sing for them.**
> Usted quisiera que Pedro y María cantaran para ellos.
> **We'd like them to hurry up.**
> Nos gustaría que ellos se apresuraran.

→ *Observación:* Se constata que I want, "yo quiero" tiene un sentido muy fuerte y no es más que raramente utilizado en el condicional (pospretérito). Por ello, I'd like juega, muy seguido, el papel de pospretérito de I want.

■ EJERCICIOS

Tradúzcase
1. **Yo quisiera que nosotros saliéramos.**
2. **A ellos les gustaría que ella se quedara.**
3. **No nos gustaría que él se fuera.**

■ RESPUESTAS

1. **I'd like us to go out.**
2. **They'd like her to stay.**
3. **We wouldn't like him to leave.**

El infinitivo negativo se obtiene haciendo que el infinitivo completo (con **to**) preceda a la partícula **not: to be** = ser/estar; **not to be** = no ser/no estar.

> **To eat** = comer; **not to eat** = no comer.
> **To have drunk** = haber bebido; **not to have drunk** = no haber bebido.
> **To be forgotten** = estar olvidado; **not to be forgotten** = no estar olvidado.

Recordatorio. El infinitivo completo puede expresar algunas veces la noción de finalidad.

> **I came to see you.** Vine para verle.
> **The play's uninteresting, not to say boring.**
> La obra no es muy interesante, por no decir aburrida.

— El infinitivo completo, positivo o negativo, se emplea siempre después de verbos tales como **to want, I'd like, I intend, I expect,** etc. De la misma manera, se encontrará el infinitivo negativo en la proposición infinitiva (cf. B.9):

> **I'd like not to leave too late.** Me gustaría no partir muy tarde.
> **She expects the kids not to want to come home.**
> Ella espera que los niños no quieran venir a casa.

■ EJERCICIOS

Selecciónese la respuesta correcta

(1) I told them......... it.

a. to not do   c. not to do
b. do not   d. not do

Tradúzcase

(2) **Ser o no ser, ese es el dilema. (He ahí el dilema.)**
(3) **Dígale que no llame.**

■ RESPUESTAS

(1) **c. I told them not to do it.**
    Yo les dije que no lo hicieran.

(2) **To be or not to be, that is the question.**
(3) **Tell him (her) not to call.**

Such puede traducirse por "tan, muy". Se le emplea en una exclamación que se refiere a un sustantivo singular o plural, que puede ir precedido o no de un adjetivo.

Sujeto-verbo + tan + (adj.) + sustantivo o
Sujeto-verbo + sustantivo + tan + adjetivo, son iguales a

Sujeto-verbo **such** + (adj.) + sustantivo

> **He is such a good driver!**
> ¡Es tan buen conductor!
> **She is such a good cook!**
> ¡Es tan buena cocinera!
> **They are such polite children!**
> ¡Ellos son unos niños muy educados (corteses)!
> **We saw such wonderful countries!**
> ¡Vimos países muy maravillosos!
> **You'll meet such interesting people!**
> ¡Ud. conocerá gente muy interesante!

→ *Observaciones:* En singular, el artículo indefinido (**a, an**) subsiste adelante de un sustantivo que se puede enumerar así como delante de sustantivos como: **pity, shame, hurry.**

> **It's such a pity!** ¡Es una lástima! (¡Es tan lastimoso!)
> **She was in such a hurry!**
> ¡Ella estaba tan apresurada!

La construcción con **what** es en general muy parecida. **What** + (adj.) + sustantivo + sujeto-verbo:

> **What a good driver he is!** ¡Qué buen conductor es él!
> **What a good cook she is!** ¡Qué buena cocinera es ella!

■ EJERCICIOS

Selecciónese la respuesta correcta

(1) **He is.......... a liar!**

   a. so   c. how
   b. what   d. such

(2) **You cooked........ wonderful dinner!**

   a. such   c. what
   b. such a   d. so

De acuerdo al modelo: what a liar he is → he is such a liar! transfórmense las siguientes frases:

(3) **What a wonderful dinner she cooked!**

(4) **What an exciting book I've just read!**

Tradúzcase (2 formas son posibles)

(5) **¡Vimos una película muy apasionante!**

(6) **¡Ellos tienen una casa extraordinaria!**

■ RESPUESTAS

(1) **d. He is such a liar!**
   ¡Qué tan mentiroso es él!

(2) **b. You cooked such a wonderful dinner!**
   ¡Qué cena tan estupenda preparó Ud.!

(3) **She cooked such a wonderful dinner!**

(4) **I've just read such an exciting book!**

(5) **We've seen such an exciting film!**
   What an exciting film we've seen!

(6) **They have such an extraordinary house!**
   What an extraordinary house they have!

At, indica la inmovilidad dentro de un lugar circuns-
crito, por oposición a **in,** que implica un espacio más
vasto y menos definido.

At se utiliza con verbos que indican:

— Evaluación o estimación

> **to estimate at** = estimar en
> **to evaluate at** = evaluar en
> **to assess at** = evaluar en (o valuar en)
> **to value at** = evaluar en (o valuar en)

→   Obsérvese la diferencia entre **to estimate** y **to amount:**
It is estimated **at** us $ 2 million.

Se estima en 2 millones de dólares americanos, y:
The estimate amounts **to** F 33,500.

El presupuesto asciende a 33,500 francos.

— Hostilidad y burla

> **to shout at** = gritarle a alguien.
> **to bark at** = ladrar contra.
> **to swear at** = jurar contra.
> **to laugh at** = burlarse de.
> **to joke at** = bromear con.

— Punto de llegada o de residencia

> **to aim at** = apuntar, tener puntería.
> **to arrive at** = llegar a.
> **to stay at** = quedarse en.
> **to live at** = vivir en.

— Destino de una expresión

> **to frown at** = mirar con ceño, frunciendo las cejas.
> **to glance at** = echar una mirada, un ojo.
> **to look at** = mirar.
> **to wink at** = cerrar un ojo a.
> **to glare at** = lanzar una mirada furiosa.
> **to grin at** = lanzar una gran sonrisa o una sonrisa burlona a.
> **to smile at** = sonreír a, dirigir una sonrisa a.

→ Se puede encontrar la preposición **at** en expresiones fijas (cf. B.49).

> **At any time** = a (en) cualquier momento.
> **To be good at. . .** = ser bueno para. . . (matemáticas, deportes, etc.).
> **At Bob's** = en la casa de Bob.
> **At the baker's** = en la panadería (con el panadero).
> **At hand** = a la mano.
> **At home** = en casa.
> **At once** = inmediatamente.
> **At school** = en la escuela.
> **At sea** = en el mar.
> **At the same time** = al mismo tiempo.
> **At the station** = en la estación.
> **At times** = algunas veces.
> **At 10 francs each** = a 10 francos la pieza.
> **At war** = en la guerra.

→ En todas estas expresiones **at** indica la ausencia de movimiento o de desplazamiento; se dirá: estar en el mar, en la escuela, en la estación, en la guerra, etc.
to be at sea, at school, at the station, at war, etc.
pero se deberá decir:
to go to school, to the station, to Bob's, to the butcher's
ir a la escuela, a la estación, a la casa de Bob, a la carnicería (con el carnicero).
to go to sea = hacerse a la mar.

■ EJERCICIOS

Tradúzcase
1. **Ella se burlaba de él.**
2. **Ellos no trabajan en la escuela.**
3. **Nosotros nos quedamos en el hotel.**
4. **Esta casa está valuada en 20 000 libras.**
5. **¡Mírelo!**

■ RESPUESTAS

1. **She laughed (was laughing) at him.**
2. **They don't work at school.**
3. **We stay at a hotel** (más usual que: **at the hotel**).
4. **This house is valued (estimated) at £ 20 000.**
5. **Look at him!**

Para preguntar el nombre de una persona o de una cosa (¿cómo se llama. . .?) no se emplea en Inglés **how,** porque éste significa "cómo" en el sentido de ¿"de qué manera, por qué medio"?

→ Se utiliza, por el contrario **what:**

What's your name?
¿Cómo se llama Ud.? ¿Cuál es su nombre?
What do you call this?
¿Cómo llama usted esto?

What se utiliza en ciertas interrogaciones como pronombre o como adjetivo. Puede ser sujeto o complemento; se traduce por "qué, cuál, cuáles".

• **What,** pronombre sujeto o complemento, sirve para hacer preguntas con relación al nombre de las cosas o de las personas (cf. más adelante), de los acontecimientos, de la profesión, de la función.

What's going on here? ¿Qué pasa aquí?
What comes next? ¿Qué sigue después?
What is he? ¿Qué hace él? ¿A qué se dedica?
What are you talking about? ¿(Acerca) de qué habla Ud.?

• **What,** adjetivo interrogativo, acompaña a un sustantivo sujeto o complemento.

What kind of books do you like?
¿Qué clase de libros le gustan a usted?
What film is on tonight?
¿Qué película pasa esta noche?

→ *Observación:* Con relación al orden de las palabras dentro de una frase interrogativa, véase B.10.

■ EJERCICIOS

Tradúzcase
① **¿Cómo se llama ella?**
② **¿Cómo llama usted esta máquina?**

■ RESPUESTAS

① **What's her name?**
② **What do you call this machine?**

None = "ninguno, nadie, nada, ni uno, cualquiera", es un pronombre indefinido (cf. B.12 y B.87) que se emplea como sujeto o como complemento.

Corresponde al adjetivo indefinido **no** + sustantivo, y como él, se emplea con un verbo en la forma positiva.

Compárese:

None of us could do it. Ninguno de nosotros podría hacerlo.
Any(one) of us could do it.
Cualquiera de (entre) nosotros podría hacerlo.
I want none. No quiero ninguno (nada).
I'll take any(one). Tomaré cualquiera.

Se puede aproximar la frase: **I want none** con **I don't want any.**

■ EJERCICIOS

Selecciónese la respuesta correcta

(1) **Which do you want?.........**

     a. some   c. no
     b. none   d. one

(2) **......... of them has understood the question.**

     a. some   c. not
     b. all   d. none

Tradúzcase

(3) **Ninguno de (entre) ellos vino.**
(4) **¿Tiene él dinero? Él no tiene nada.**

■ RESPUESTAS

(1) **b. Which do you want? None.**
     ¿Cuál quiere usted? Ninguno.

(2) **d. None of them has understood the question.**
     Ninguno de ellos comprendió la pregunta.

(3) **None of them came.**
(4) **Has he got any money? He has none.**

• **To let,** "dejar, permitir" como **to make, to have** y ciertas expresiones, **I'd rather,** "yo preferiría"; **I had better,** "sería mejor si yo", van siempre seguidos de un verbo en infinitivo sin **to.**

> **I won't let him do it.** (Yo) No lo dejaré hacerlo o bien (yo) no dejaré que lo haga.
>
> **She let me drive her car.** Ella me dejó conducir su carro.

→ *Recordatorio:* esta construcción se utiliza también para formar *el imperativo* de los verbos en la primera y tercera personas.

> **Let me go!** ¡Déjeme ir!
>
> **Let her**
>   **him** } **go!** ¡Déjela ir(se)! [¡Que se vaya!]
>   **it**
>
> **Let us go.** ¡Partamos!
>
> **Let them go.** ¡Que ellos se vayan!

■ EJERCICIOS

Tradúzcase

1. **Ella no quería dejarla jugar.**
2. **¿No puede Ud. dejar que lo hagamos?**
3. **Permítales venir con nosotros.**
4. **Ellos no la dejarán casarse con él.**

■ RESPUESTAS

1. **She wouldn't let him play.**
2. **Can't you let us do it?**
3. **Let them come with us.**
4. **They won't let her marry him.**

Cuando una acción ha comenzado en el pasado y continúa en el presente, se emplea en Inglés el *presente perfecto* (véase B.3) o antepresente.

Es el caso, sobre todo, cuando el verbo va seguido de un complemento introducido por **for,** "desde hace" indicando el tiempo que ha transcurrido desde el inicio de la acción.

→ En general, en tales casos, el verbo se conjuga en la forma **-ing.**

> **He's been phoning for ten minutes.**
> Él ha estado telefoneando desde hace 10 minutos.

→ Pero cuando se trata de verbos más abstractos, como **to know,** "saber, conocer", no se emplea la forma **-ing.**

■ EJERCICIOS

Tradúzcase

1. **Yo no le he visto desde hace meses.**
2. **Yo la conozco desde hace mucho tiempo.**
3. **No la hemos visto desde hace mucho tiempo.**
4. **Nosotros trabajamos desde hace dos días.**
5. **Hace 5 años que él los conoce.**

■ RESPUESTAS

1. **I haven't seen him for months.**
2. **I have known her for a long time.**
3. **We haven't seen her for a long time.**
4. **We've been working for two days.**
5. **He's known them for 5 years.**

Construcción

I can't help it. No puedo evitarlo.
No puedo dejar de hacerlo.
Yo no puedo hacer nada. No puedo ayudarlo.

- Cuando un verbo sigue a esta construcción, se le encuentra entonces en la forma **-ing**.

She couldn't help believing it.
Ella no podía dejar de creerlo.

→ *Atención:*

To prevent somebody from doing something.
Impedir que alguien haga algo.

■ EJERCICIOS

Tradúzcase

1. **Yo no puedo dejar de pensar que (él) tenía razón.**
2. **No podemos hacer nada.**
3. **Impídales que lo hagan.**
4. **Él no pudo evitar sonreír.**
5. **No se puede hacer nada.**

■ RESPUESTAS

1. **I can't help feeling he was right.**
2. **We can't help it.**
3. **Prevent them from doing it** (o **Don't let them do it!**)
4. **He couldn't help smiling.**
5. **It can't be helped.**

En una pregunta que comienza por **why not,** el verbo que sigue está en infinitivo sin **to:**

> **Why not do it now?** ¿Por qué no hacerlo ahora?

Lo mismo sucede en las preguntas que comienzan por **why** si el sujeto no se menciona:

> **Why do it now?** ¿Por qué hacerlo ahora?

Si el sujeto se menciona, la construcción será diferente:

> **Why do you do it now?** (o **why are you doing it now?**)
> ¿Por qué lo hace usted ahora?
> **Why don't you do it now?** ¿Por qué no lo hace usted ahora?

■ EJERCICIOS

Tradúzcase

(1) **¿Por qué no decírselo?**
(2) **¿Por qué no me lo dijo Ud.?**
(3) **¿Por qué esperarla?**
(4) **¿Por qué no esperarla?**
(5) **¿Por qué no invitar a la hermana de Bob?**

■ RESPUESTAS

(1) **Why not tell him (her) about it?** (o **Why not tell it to her (him)?**
(2) **Why didn't you tell it to me?**
(3) **Why wait for him (her, it)?**
(4) **Why not wait for her (him, it)?**
(5) **Why not invite Bob's sister?**

- **Before** puede ser una preposición que introduce un sustantivo o un pronombre.

  He arrived before me. Él llegó antes que yo.

- **Before** puede ser también una *conjunción* que introduce un verbo y que significa "antes de que". En Inglés, el verbo que le sigue estará en indicativo.

  Get everything ready before they come back.
  Prepare todo antes de que ellos regresen (antes de su regreso).

→ Será frecuentemente traducido por "antes de" + infinitivo.

  Give me the keys before you leave.
  Dame las llaves antes de partir.

→ Obsérvese que en este caso se puede decir la misma cosa utilizando **before** + verbo en la forma **-ing.**

  Give me the keys before leaving.

  Sólo es posible porque es la misma persona quien da las llaves y quien parte. Si se tuviera: Déle las llaves antes de que él parta, la única traducción posible sería: **Give him the keys before he leaves.**

  — Lo mismo que las otras conjunciones de tiempo **when, as soon as, as early as, until, after, before** no puede ir nunca seguido de un futuro.

  — **Before,** conjunción, nunca va seguido de **that.**

■ EJERCICIOS

Tradúzcase

1. **Dale las llaves antes de partir.**
2. **La situación era diferente antes de que él se volviera director.**

■ RESPUESTAS

1. **Give him the keys before you leave (o before leaving).**
2. **The situation was different before he became manager.**

- Cuando se trata de un oficio o de un título que no es único, se emplea el artículo **a, an:**

  He was an officer in the British Army.
  Él fue oficial en el ejército Inglés.
  He wanted to become a doctor (a physician).
  Él quería volverse doctor.

- Si el título es único, no hay artículo o se emplea el artículo definido **the:**

  He was appointed manager. Él fue nombrado administrador.
  He became (the) manager of the firm.
  Él se volvió (el) administrador de la empresa.

→ Si hay varios administradores se podrá decir:

  He became a manager of the firm. (= **one of the managers,** uno de los administradores).

→ *Compárese*

  He worked as a sales-representative.
  Él trabajaba como representante de ventas (entre otros).

  y:

  He worked as representative for the company.
  Él trabajó como representante de la compañía.

El segundo caso, sin artículo, implica un puesto único.

■ EJERCICIOS

Tradúzcase
1. **Su esposo es plomero.**
2. **Ella quiere volverse (ser) maestra.**
3. **Él acaba de ser nombrado presidente.**
4. **Él había trabajado con ellos como ejecutivo antes de volverse director de ventas.**

■ RESPUESTAS

1. **Her husband is a plumber.**
2. **She wants to become a teacher.**
3. **He's just been appointed president.**
4. **He'd worked with them as an executive before he became sales-manager.**

- "Mandarse" + infinitivo + sustantivo, se traduce en Inglés por:

  to have + sustantivo + participio pasado.

  > **To have a suit made.** Mandarse hacer un traje.

  El empleo del participio pasado (**made**) es normal porque tiene significado de pasivo: el traje está hecho por alguien.

  > **To have a house built.** Mandarse construir una casa.
  > **To have a meal served.** Mandarse servir una comida.

- "Mandar" + infinitivo + sustantivo, se traduce también en Inglés como:

  to have + sustantivo + participio pasado.

  > **I have had a suit made for Henry.**
  > Yo mandé hacer un traje para Enrique.
  > **He wants to have a house built for his son.**
  > Él quiere mandar construir una casa para su hijo.

- "Mandar hacer algo para alguien" equivale en Inglés a:

  to make + persona (sustantivo o pronombre) + infinitivo sin **to,** o

  to have + persona (sustantivo o pronombre) + infinitivo sin **to.**

  > **I'll make them work = I'll have them work.**
  > Yo haré que trabajen.
  > **I've had him repair my car.**
  > Yo le mandé (o hice) reparar mi coche.

■ EJERCICIOS

Selecciónese la respuesta correcta

① I made him......... it.
   a. done   c. do
   b. to do   d. did

Tradúzcase

② Él mandará cambiar la fecha.
③ Yo le mandé entregar una carta.
④ Ella quiere mandarse construir una casa en el campo.
⑤ Eso no me hace reír.
⑥ Será necesario que yo mande reparar mi tocadiscos.

■ RESPUESTAS

① c. I made him do it.
   Yo le hice hacerlo (yo lo forcé a hacerlo, lo obligué
   a hacerlo).

② He will have the date changed.
③ I had a letter sent to him (o I had him send a letter).
④ She wants to have a house built in the country.
⑤ It doesn't make me laugh.
⑥ I'll have to have my record player repaired.

• Con el significado de "como", **like** se emplea delante de un *sustantivo* o un *pronombre*.

> **A man like you.** Un hombre como usted.
> **It is exactly like my home town.**
> Es exactamente como mi ciudad natal.

• Cuando **as** tiene el equivalente de "como" se emplea delante de un verbo:

> **As I told you. . .** Como yo se lo dije. . .

o un *adverbio:*

> **As always. . .** Como siempre. . .

→ *Observaciones:*

— El americanismo **Like I told you** "como se lo dije" está considerado incorrecto en el Inglés Británico.

— Obsérvese la diferencia de construcción entre:

> **She speaks like her father.**
> Ella habla como su padre.
> y **She speaks as her father did.**
> Ella habla como lo hacía su padre.

Es la presencia del verbo (**did**) lo que obliga a reemplazar la preposición **like** por la conjunción **as**.

• *Otros empleos de* **as**

→ En el grupo **as. . . as, not so as,** para formar el comparativo de igualdad o de desigualdad:

> **He is as tall as you.**
> Él es tan grande como tú.
> **Your car is not so fast as Bob's.**
> Su coche no es tan rápido como el de Bob.

→ En la expresión **such as,** "tal (tales) como":

> **Animals such as dogs, cats and birds. . .**
> Los animales tales como los perros, los gatos y los pájaros. . .

→ Con el significado de "en el caso de, como. . . que":

> **As an employee, I feel that. . .**
> Como empleado (que soy), pienso que. . .

■ EJERCICIOS

Complétese

(1) He doesn't look......... his brother.
(2) It will continue......... before.
(3) .... he was late, he took a taxi.
(4) She behaves......... her father.
(5) He drives......... a champion.
(6) She behaves......... her father used to.

Tradúzcase

(7) Él está retrasado, como siempre.
(8) Haga como yo le digo.
(9) Él habla un buen Inglés, como su padre.
(10) Él no escribe el Inglés como su padre lo escribía.
(11) Como ellos son numerosos, será difícil.

■ RESPUESTAS

(1) **He doesn't look like his brother.** Él no se parece a su hermano.
(2) **It will continue as before.** (Eso) continuará como antes.
(3) **As he was late, he took a taxi.** Como él estaba retrasado, tomó un taxi.
(4) **She behaves like her father.** Ella se comporta como su padre.
(5) **He drives like a champion.** Él conduce como un campeón.
(6) **She behaves as her father used to.** Ella se comportaba como lo hacía su padre.

(7) **He is late, as usual.**
(8) **Do as I tell you (US: Do like I tell you).**
(9) **He speaks good English, like his father.**
(10) **He doesn't write English as his father did.**
(11) **As they are numerous, it will be difficult.**

- **Despite,** "a pesar de", es una *preposición* que intro-
  duce un sustantivo o un pronombre.
- **Although** "aunque", es una *conjunción* que introdu-
  ce un grupo verbal.
  Compárese:

  > **He continues to work despite his bad health.**
  > Él continua trabajando a pesar de su mala salud.

  y

  > **He continues to work, although his health is getting bad.**
  > Él continua trabajando aunque su salud está empeorando.

→ Obsérvese que en Inglés, el verbo que sigue a **although**
  (**is getting,** en este caso) está en indicativo.

  — El grupo **in spite of,** "a pesar de", se utiliza como
  despite.

  — **Though** es un sinónimo de **although.**

■ EJERCICIOS

**Complétese con despite (o in spite of) y although (o
though)**

(1) **I must admit he's a great artist.......... I don't
like his paintings.**

(2) **.......... what she says, she's probably still in
love with him.**

(3) **.......... what he says is not correct, he is not
entirely wrong.**

■ RESPUESTAS

(1) **Although (o though).** Yo debo admitir que es un gran
artista aunque no me gusten sus cuadros.

(2) **Despite (in spite of).** A pesar de lo que ella dice, es
probable que aún lo ame.

(3) **Although (though).** Aunque lo que él dice no es co-
rrecto, no está completamente equivocado.

• Algunos ejemplos de construcciones con **reason:**

>**The reason for it is that. . .** La razón de ello es que. . .
>**There is no reason for you to do it.**
>No hay razón para que usted lo haga.
>**I'd like to know the reason why.**
>Me gustaría saber por qué.
>**There is no reason why you should do it.**
>No hay razón para que usted lo haga.
>**The reason for which I am calling** o **The reason why I am calling.**
>La razón por la cual yo (le) estoy llamando.

Compárese:

>**This is a good opportunity for them to make money.**
>Es una buena oportunidad para que ellos ganen dinero.
>**That was the proper thing for him to say.**
>Él dijo exactamente lo que tenía que decir.
>**It's not exactly the right moment for them to come.**
>No es exactamente el momento correcto para que ellos vengan.

■ EJERCICIOS

Tradúzcase

(1) Me gustaría conocer la razón.
(2) ¿Cuál es la razón de su ausencia?
(3) No hay razón para que él se preocupe.
(4) La razón de eso es muy simple.
(5) Es probablemente la razón por la cual ella lo hizo.

■ RESPUESTAS

(1) I'd like to know the reason why (the reason for it).
(2) What is the reason for his absence?
(3) There is no reason for him to worry (o why he should worry).
(4) The reason for it is very simple.
(5) This is probably the reason why she did it (the reason for which she did it).

- En tanto que
   Where does he live? ¿En dónde vive (él)?
   Why did he leave? ¿Por qué se fue (él)?
   son preguntas directas (véase también B.82).
- Las construcciones: "Él me preguntó dónde vivía yo", "Me pregunto por qué se fue (él)", son preguntas indirectas donde el orden de las palabras es simplemente: palabra interrogativa, sujeto, verbo (+ complemento, si lo hay).
   He asked me where I was living. I wonder why he left.
   Compárese
   What does this sentence mean? ¿Qué significa esta frase?
   y

   She is asking me what this sentence means.
   Ella me está preguntando qué significa esta frase.

   When did he work for them? ¿Cuándo trabajó (él) para ellos?
   y

   I'd like to know when he worked for them.
   Me gustaría saber cuándo (él) trabajó para ellos.

   Where does he usually go on holiday?
   ¿A dónde va él generalmente de vacaciones?
   y

   I wonder where he usually goes on holiday.
   Me pregunto a dónde va él generalmente de vacaciones.

■ EJERCICIOS

Tradúzcase
1. **¿Dónde trabaja ella?**
2. **Ellos me preguntaron dónde estaba trabajando ella.**
3. **¿Cuándo regresó él?**
4. **Yo me pregunto cuándo regresó él.**

■ RESPUESTAS

1. **Where does she work?**
2. **They asked me where she was working.**
3. **When did he come back?**
4. **I wonder when he came back.**

- El relativo **that,** que es también demostrativo, puede remplazar a los relativos **who, whom, which.**
→ Pero en ciertos casos, el empleo de **that** es deseable (después de **nobody, nothing, much, little, few**) y en otros, solamente puede utilizarse **that:**
  — después de los superlativos.
  — cuando su sentido es limitativo:

  > **The tourists, who had visited the museum, were tired.**
  > Los turistas, quienes habían visitado el museo, estaban cansados.
  > **The tourists that had visited the museum were exhausted.**
  > Los turistas que habían visitado el museo estaban exhaustos.

En la primera frase, la proposición relativa, entre las comas, se aplica al conjunto de turistas, y se introduce por **who.**

En la segunda frase, la proposición relativa introduce una *restricción* porque describe una parte de los turistas: la que efectivamente visitó el museo: y que debe ser traducido por **that.**

→ Es por este aspecto limitativo, que **that** se *empleará* después de **all, only, first, last.**

  > **He told me all that he knew.** Él me dijo todo lo que (él) sabía.

→ *Atención:* **that** complemento puede quedar sobrentendido: **He told me all he knew.**

■ EJERCICIOS

Tradúzcase

(1) **Ella visitó todo lo que estaba descrito en su guía.**
(2) **Todos aquéllos que puedan venir esta noche serán bienvenidos.**
(3) **Díganos todo lo que le inquieta.**

■ RESPUESTAS

(1) **She visited all that was described in her guide.**
(2) **All those who can come tonight will be welcome.**
(3) **Tell us all that is worrying you.**

Los adverbios son palabras invariables que matizan o modifican el sentido del verbo o del adjetivo, y aun de otro adverbio. Para determinar el lugar de los adverbios de tiempo, se deben distinguir los adverbios "precisos" y los adverbios "imprecisos".

- *Adverbios precisos:* **early,** "temprano"; **late,** "tarde"; **today,** "hoy"; **tomorrow,** "mañana"; **yesterday,** "ayer"; etc., se colocan generalmente al final de la frase (o algunas veces al inicio en el caso de los tres últimos).

- *Adverbios imprecisos* (o de frecuencia): **already,** "ya"; **always,** "siempre"; **often,** "seguido"; **seldom,** "raramente"; **sometimes,** "algunas veces". Se colocan:

  — antes del verbo al cual modifica en una frase afirmativa con tiempo simple:

  We often spend our holidays in Spain.
  Pasamos seguido nuestras vacaciones en España.

  — entre el auxiliar (**to be, to have, to do**) o el defectivo y el verbo, en una frase con tiempo compuesto.

  Has the train already left?
  ¿Ya partió el tren?
  I shall always remember them.
  Siempre los recordaré.
  She is often helped by her brother.
  Ella es frecuentemente ayudada por su hermano.

- Traducción de **yet**

  — "Aún, todavía", sinónimo de **still.**

  There is time yet. Hay tiempo todavía.
  He has yet to find the solution.
  Él debe aún encontrar la solución.
  We haven't seen her yet. No la hemos visto aún.

  — "Ya", en las frases interrogativas.

  Has the train left yet? ¿Ha partido ya el tren?

  — "Sin embargo, pero", cuando es conjunción.

  I'd like to stay, yet I must go.
  Me gustaría quedarme, sin embargo debo ir (me).

■ EJERCICIOS

Colóquese el adverbio en el lugar que convenga

(1) Usually — Do you have coffee for breakfast?
(2) Often — She complains.
(3) Almost — He can do it himself.
(4) Seldom — I have been to Italy.
(5) Never — They have succeeded.

Tradúzcase

(6) Ellos partieron ayer.
(7) ¿Salió temprano el tren?
(8) Partiremos mañana, si podemos.
(9) Hoy vimos una película interesante.
(10) Yo no la he visto aún.

■ RESPUESTAS

(1) **Do you usually have coffee for breakfast?** ¿Toma Ud. generalmente café en el desayuno?
(2) **She often complains.** Ella se queja a menudo (frecuentemente).
(3) **He can almost do it himself.** Casi puede hacerlo él mismo.
(4) **I have seldom been in Italy.** He estado muy pocas veces en Italia.
(5) **They have never succeeded.** Ellos nunca han tenido éxito.

(6) **They left yesterday.**
(7) **Has the train left early?**
(8) **If we can we'll leave tomorrow.**
(9) **We've seen an interesting movie today.**

(10) **I haven't seen her yet.**

- Numerosos verbos del Inglés son precisados o modificados por palabras llamadas posposiciones, tales como:
  away, que indica alejamiento.
  down, un movimiento hacia abajo.
  in, la entrada, la penetración.
  out, un movimiento de salida.
  up, un movimiento hacia arriba.
  off, la separación, la partida.
  on, la continuación, el hecho de llevar.

- Atención: *Diferencia con las preposiciones:* éstas son palabras de enlace que unen el verbo a un complemento.

→ Así, la preposición **in** indica "inmovilidad o la presencia en un lugar":
  He is in his office. Él está en su oficina.

→ Mientras que la posposición **in** indica "el hecho de entrar":
  To come: venir;
  to come in: entrar.
  To let: dejar; **to let in:** dejar entrar.

- *El verbo pierde su preposición cuando pierde su complemento, mientras que la posposición es inseparable del verbo.*

→ Se tendrá así: **She came into my office** (**into** es una preposición que indica el pasaje de un lugar a otro). Ella entró a (dentro de) mi oficina.
  Para traducir "ella entró", no se puede decir **she came into** sino **she came in.** Del mismo modo, ¡Entre! se traduce como **"Come in!"**

→ Se utilizará igualmente: **He let me into his office.** Él me dejó entrar a su oficina.
  y **He let me in.** Él me dejó entrar.

■ EJERCICIOS

Selecciónese la respuesta correcta

(1) I told him to show them.........
    a. in   c. within
    b. into   d. to

Tradúzcase

(2) Él me dejó entrar en su oficina.
(3) Yo le dije que los dejara entrar.
(4) Yo no pensaba que ellos me dejarían entrar.
(5) ¡Espéreme! Espere, por favor.
(6) Él entró en su oficina cinco minutos más tarde.
(7) Ella entró justo después de nosotros.

■ RESPUESTAS

(1) a. I told him to show them in.
    Yo le dije que los dejara entrar.

(2) He showed (o let) me into his office.
(3) I told him to show them in.
(4) I didn't think they would let me in.
(5) Wait for me! Please, wait!
(6) He came into the office five minutes later.
(7) She came in just after us.

- La forma interrogativa-negativa "¿no es cierto, (no es) verdad, no?" se usa para buscar una aprobación o una confirmación.

  Este final de frase no varía nunca y no depende ni del tiempo, ni de la forma (afirmativa o negativa), ni del sujeto de la frase. Se tendrá así, "Ella es amable, ¿no es cierto? Es amable ¿verdad? Ellos no son amables, ¿verdad?"

- En Inglés se obtiene un efecto similar volviendo a tomar el sujeto de la frase inicial y un auxiliar. Existen dos casos:
  — *La frase inicial es negativa.*

→ El auxiliar (o el defectivo) se vuelve a tomar con su forma positiva en el mismo tiempo y va seguido del pronombre sujeto.

  I'm not surprised, am I?
  No estoy sorprendido, ¿verdad?
  She is not pleased, is she?
  Ella no está contenta, ¿no es cierto?
  He can't refuse, can he?
  Él no puede rehusar, ¿verdad?
  You didn't accept, did you?
  Usted no aceptó, ¿verdad?

→ Si el sujeto de la frase es un sustantivo, se vuelve a tomar por el pronombre correspondiente.

  Linda won't like that, will she?
  A Linda no le gustará eso, ¿verdad?
  The chairman wouldn't appreciate, would he?
  El presidente no (lo) apreciaría, ¿verdad?

  — *La frase inicial es afirmativa.*

→ El auxiliar de esta frase se vuelve a tomar con su forma negativa y va seguido del pronombre sujeto.

  She would like to drive, wouldn't she?
  A ella le gustaría conducir, ¿no es cierto?

→ Si la frase inicial lleva un verbo en un tiempo sin auxiliar (presente, pretérito) se utiliza el auxiliar **do.**

  You want me to answer, don't you?
  Ud. quiere que yo responda, ¿verdad?
  You met them last week, didn't you?
  Ud. (se) los encontró la semana pasada, ¿no?*

  Si el sujeto de la frase es un sustantivo, se vuelve a tomar por el pronombre correspondiente.

---

* N. del T. En Español esta forma de confirmación y aprobación no es tan frecuente como en Inglés. En ocasiones, basta un "¿no?", o un "¿Eh?", para que el interlocutor responda.

■ EJERCICIOS

Selecciónese la respuesta correcta
① **You have met her,......... ?**
   a. haven't you   c. don't you
   b. have you   d. didn't you
② **They didn't win,......... ?**
   a. didn't they   c. have they
   b. did they   d. haven't they

Tradúzcase
③ **A usted le gustaría comprar esta casa, ¿no es cierto?**
④ **Ella no contestó, ¿verdad?**
⑤ **Él habla el Italiano con fluidez, ¿no es verdad?**

■ RESPUESTAS

① **a. You have met her, haven't you?**
   Usted (se) la encontró, ¿verdad?
② **b. They didn't win, did they?**
   Ellos no ganaron, ¿verdad?
③ **You would like to buy this house, wouldn't you?**
④ **She didn't asnwer, did she?**
⑤ **He can speak Italian fluently, can't he?**

- En el Inglés la forma **-ing** de un verbo puede significar "el hecho de hacer. . ."

  Smoking: "fumar (el hecho de fumar)".

→ A esta forma se le llama sustantivo verbal o gerundio y, con esta función, como todos los sustantivos, puede:

   — usarse como sujeto o complemento de un verbo:

     Smoking is bad for you. Fumar es malo para usted.

     I like smoking. Me gusta fumar.

   — ir precedido de un adjetivo posesivo:

     I don't mind your smoking.

     Yo no le veo inconveniente al hecho de que usted fume.

   — introducirse por una preposición:

     Phone me before leaving London.

     Telefonéame antes de salir de Londres.

→ Todo verbo que siga a una preposición estará en la forma **-ing.** En las expresiones verbales: **to be used to,** "estar acostumbrado a"; **to look forward to,** "alegrarse de", "estar impaciente por", "esperar"; **to get used to,** "acostumbrarse a", **to** es una preposición seguida de la forma **-ing.**

     I am used to getting up at 6 a.m.

     Estoy acostumbrado a levantarme a las 6 a.m.

     I am looking forward to meeting you.

     Estoy alegre (contento) de encontrarlo.

En estas expresiones, el sustantivo verbal **-ing** puede ser remplazado por un sustantivo o un pronombre.

     She is not used to it.

     Ella no está acostumbrada a eso.

     He is getting used to this climate.

     Él se está acostumbrando a este clima.

■ EJERCICIOS

Selecciónese la respuesta correcta

① I hope he will get used......... early.
- a. to get up
- b. getting up
- c. to getting up
- d. get up

② We look forward......... you again.
- a. see
- b. to seeing
- c. seeing
- d. to see

Tradúzcase

③ Ella no está acostumbrada a conducir en la noche.
④ Ellos se alegraron de regresar a Irlanda.
⑤ Tarde o temprano, usted se acostumbrará a comer estos alimentos.

■ RESPUESTAS

① **c. I hope he will get used to getting up early.**
Espero que él se acostumbre a levantarse temprano.

② **b. We look forward to seeing you again.**
Esperamos ansiosamente volverte a ver.

③ **She is not used to driving by night.**
④ **They look forward to going back to Ireland.**
⑤ **You will get used to eating this food sooner or later.**

- La mayor parte del tiempo, en una frase afirmativa, el sujeto va antes que el verbo.
  Se dice que se realiza una "inversión" cuando este orden se revierte y el verbo precede al sujeto.
  Esto ocurre sobre todo cuando al colocar al inicio de la frase adverbios con sentido "restrictivo" como **hardly, barely, scarcely,** "apenas"; **no sooner than,** "no más tarde que, a más tardar"; **not only,** "no solamente".

- La inversión, más bien empleada en el lenguaje escrito, tiene por finalidad, poniendo al adverbio en relieve, insistir sobre el matiz que éste transmite.
  En una construcción con **hardly** (o **scarcely, barely**), se quiere insistir sobre una sucesión de acontecimientos que se dan muy cerca dentro del tiempo, por no decir casi simultáneamente: la correlación debe hacerse con la conjunción de tiempo **when:**

> **Hardly had we left the premises when he arrived.**
> Apenas habíamos salido de las instalaciones cuando él llegó.

■ EJERCICIOS

Tradúzcase

1. Apenas lo habíamos encontrado cuando nos pidió dinero.
2. Estaba apenas empezando a llegar cuando todos lo buscaban para saludarlo.
3. Apenas se había ella sentado cuando alguien tocó otra vez a la puerta.

■ RESPUESTAS

1. **Hardly had we met him when he asked us for money.**
2. **No sooner had he arrived than everybody wanted to shake hands with him.**
3. **Scarcely had she sat down when someone knocked again at the door.**

- El adverbio de cantidad **more,** "más, de más" puede añadirse a los interrogativos de cantidad **how much** (+ singular), **how many** (+ plural) = "cuánto", así como a los indefinidos **some, any,** "algo de, parte de", "alguno(a), algunos(as)"; **no,** "nada de".

> **How much more space do you need?**
> ¿Cuánto espacio adicional necesita Ud.?
> **How many more visitors are you expecting?**
> ¿Cuántos visitantes más espera Ud.?
> **Give me some more.** Dame todavía más.
> **There is no more petrol.** No hay más gasolina.

■ EJERCICIOS

Tradúzcase

(1) **¿Cuánto más le debo?**
(2) **¿Cuántos días más deberemos (debemos) esperar?**
(3) **No diré (nada) más de ello.**
(4) **No sé más acerca de eso.**

■ RESPUESTAS

(1) **How much more do I owe you?**
(2) **How many more days shall we have to wait?**
(3) **I shall say no more.**
(4) **I don't know any more about it.**

- **People** es un sustantivo invariable que designa a una colectividad y que significa "la gente, las gentes, los habitantes, las personas". Va siempre acompañado de un verbo en plural.

> **There were five people.** Había cinco personas.
> **Thousands of people attended the meeting.**
> Miles de gentes asistieron a la reunión.
> **Several people.** Varias gentes.
> **Most people.** La mayoría de la gente.

→ *Observaciones:*

— Para traducir "una persona" en singular, se utilizará la palabra **a person.**

— Se usa en plural **peoples,** "los pueblos", plural de **a people,** que significa "un pueblo", relativamente poco empleado.

> **The French people.** El pueblo francés.
> **The English-speaking peoples.** Los pueblos angloparlantes.
> Las poblaciones de lengua Inglesa.

— **People** puede traducirse algunas veces por "se":

> **People say he's rich.** Se dice que él es rico.

■ EJERCICIOS

Tradúzcase

1. ¿Quedaba mucha gente?
2. Muy pocas personas aceptaron este ofrecimiento.
3. Hay gente que no está de acuerdo.
4. Cuatro o cinco personas esperan afuera.
5. La mayoría de la gente está descontenta con este discurso.

■ RESPUESTAS

1. Were there many people left?
2. Very few people have accepted this offer.
3. There are people who do not agree (o who disagree).
4. Four or five people are waiting outside.
5. Most people are dissatisfied with this speech.

- El papel de las preposiciones dista mucho de ser el mismo en Inglés y en Español. Por ello la expresión "estar sorprendido de (o por)" se dice en inglés **to be amazed at. . .**

  Es por consiguiente la preposición **at** (cf. B.27) la que es aquí necesaria, así como también en las expresiones equivalentes **to be surprised at** y **to be astonished at.**

→ *Observación:* **At** introduce un complemento (sustantivo, pronombre o sustantivo verbal **-ing**).

  > **I am amazed at his courage.**
  > Estoy sorprendido por su valor.
  > **I am amazed at you.**
  > Estoy sorprendido de usted (Ud. me asombra).
  > **I am surprised at your saying this.**
  > Estoy soprendido de que usted diga eso.

■ EJERCICIOS

Selecciónese la respuesta correcta

1. **They were surprised. . . . . our insisting.**
   - a. on
   - b. in
   - c. from
   - d. at
2. **She was amazed. . . . . his achievement.**
   - a. from
   - b. at
   - c. upon
   - d. by

Tradúzcase

3. **Me sorprendí de que ellos hicieran esta pregunta.**

■ RESPUESTAS

1. **d. They were surprised at our insisting.**
   Ellos estaban sorprendidos por nuestra insistencia.
2. **b. She was amazed at his achievement.**
   Ella estaba sorprendida por su éxito.
3. **I was amazed at their asking this question.**

El subjuntivo es menos frecuente en Inglés que en Español.

No hay más que una sola forma en presente, la del infinitivo sin **to** (véase B.81).

- El pretérito puede tomar un sentido subjuntivo y expresar un deseo, una pena; y en este caso no expresa el pasado. Se encuentra este pretérito con sentido subjuntivo, llamado algunas veces "pretérito modal", después de **to wish,** "desear"; **if,** "si"; **if only,** "si sólo (o solamente)"; **even if,** "aun si"; **suppose,** "supongamos que".

    I wish I knew what to do.
    Me gustaría saber qué hacer (literalmente dice: Yo deseo (que) yo sepa qué hacer).
    I wish I had my own house.
    Yo quisiera tener mi propia casa.
    He wishes he could speak English fluently.
    Él quisiera hablar Inglés con fluidez.

→ Con **to be,** el pretérito con sentido subjuntivo emplea la forma **were** en todas las personas.

    I wish he were with us.
    Yo quisiera que él estuviera con nosotros.
    She wishes it were possible.
    Ella quisiera que fuera posible.

→ El antecopretérito (pretérito pluscuamperfecto) puede tomar también un sentido subjuntivo después de **to wish;** expresa, en este caso, la desilusión por una acción que no tuvo lugar.

    I wish I had been there.
    Yo quisiera haber estado allí (literalmente dice: yo deseo (que) yo había estado allí).
    I wish I had brought my bicycle.
    Lamento no haber traído mi bicicleta.

■ EJERCICIOS

Selecciónese la respuesta correcta

(1) **I wish I......... where they are.**
   a. know   c. have known
   b. knew   d. am knowing

(2) **I wish I......... gold coins in time.**
   a. have bought   c. had bought
   b. have been buying   d. had buy

Tradúzcase

(3) **Yo quisiera bailar como Fred Astaire.**
(4) **Yo quisiera que él estuviera aún vivo.**
(5) **Ella quisiera haberlo encontrado más temprano.**
(6) **Yo quisiera que ella estuviera con nosotros esta noche.**
(7) **Él quisiera poder venir.**

■ RESPUESTAS

(1) **b. I wish I knew where they are.**
   Yo quisiera saber dónde están.

(2) **c. I wish I had bought gold coins in time.**
   Yo quisiera (o lamento no) haber comprado monedas de oro a tiempo.

(3) **I wish I danced like Fred Astaire.**
(4) **I wish he were still alive.**
(5) **She wishes she had met him earlier.**
(6) **I wish she were with us tonight.**
(7) **He wishes he could come.**

- En la lengua clásica **should** era el auxiliar del condicional (pospretérito) para las primeras personas.

   I should come if I could. Yo vendría si pudiera.

   Hoy se emplea el auxiliar **would** en todas las personas, generalmente en su forma con contracción:

   I'd come = I would come. Yo vendría.
   We'd know it. . . , we would know it. . . Nosotros lo sabríamos.

- En el uso contemporáneo, **should** se emplea como condicional de **must,** en todas las personas.

   I know I should come but I really can't.
   Yo sé que debería venir, pero realmente no puedo.
   They should tell us if they can't do it.
   Ellos deberían decirnos si no pueden hacerlo.

→ *Observación:* **Ought to** tiene el mismo sentido y el mismo empleo.

- Los principios anteriores son también válidos para el condicional pasado; en lugar de combinar **should** (o **ought to**) con el infinitivo presente sin **to,** se le asocia con el infinitivo pasado sin **to,** de la misma manera:

   I should have come but I really couldn't.
   Yo debería haber venido pero realmente no pude.
   They should have told us if they couldn't do it.
   Si no podían hacerlo, nos lo deberían haber dicho.

— **Should,** como todos los auxiliares (**shall, will, would. . .**) y los defectivos (**can, could, may, might, must, ought to. . .**) no se combina solamente con el infinitivo presente (sin **to**) sino también con los infinitivos pasados sin **to** (**have** + participio pasado del verbo), pasivo (**be** + participio pasado) y pasado pasivo (**have been** + participio pasado). De ahí una gama de modos compuestos que permiten conjugar los verbos en las formas anteriores, pasivas, etc.

   We should do it before tonight.
   Deberíamos hacerlo antes de esta noche.
   We should have done it before noon.
   Deberíamos haberlo hecho antes de mediodía.
   It should be done before tonight.
   Esto debería estar hecho antes de esta noche.
   It should have been done before noon.
   Esto debería haber sido hecho antes de mediodía.

■ EJERCICIOS

Tradúzcase

1. Deberíamos hacerlo ahora.
2. Ello debería estar hecho en este momento.
3. Ellos deberían haber escrito más pronto.
4. Ellos deberían haber llegado ayer.
5. Ellos deberían habérnoslo dicho.
6. Ella debería manejar más seguido.
7. Deberíamos venir más a menudo.
8. Deberías habérmelo dicho más temprano.

■ RESPUESTAS

1. We should do it now.
2. It should be done by now.
3. They should have written earlier.
4. They should have arrived yesterday.
5. They ought to (should) have told us.
6. She should (ought to) drive more often.
7. We should come more often.
8. You ought to (should) have told me earlier (sooner).

El medio más seguro de escoger entre **both** y **the two** es verificar si existe una identidad entre dos elementos, o si, al contrario, se trata de marcar una diferencia.

- En efecto **both** significa "los dos, ambos, uno y otro, los dos juntos".

  Por tanto éste es el que se utiliza para poner de relieve el punto común de dos elementos.

- Al contrario, en una frase como:

  "Existen diferencias entre los dos hombres", se emplea **the two: there are differences between the two men.** Otros ejemplos:

  > **Both children wore a blue cap.**
  > Los dos niños llevaban una gorra azul.
  > **The two cars took different routes.**
  > Los dos coches tomaron caminos diferentes.

En suma, para distinguir entre **both** y **the two** es necesario saber si los elementos deben tomarse global o separadamente.

→ En ningún caso, **both** puede estar precedido de **the.** Pero se puede tener **the** después de **both.**

  > **Both the boys have a red bike.**
  > Los dos muchachos tienen una bicicleta roja

→ *Observación:* **Both** y **either** poseen una significación semejante. Sin embargo, hay que notar que: **both** implica los dos juntos, **either,** una elección entre dos; **both** va seguido de un plural, **either** de un singular.

■ EJERCICIOS

Tradúzcase
1. **Conozco bien los dos países.**
2. **Vi que los dos muchachos casi no se querían.**

■ RESPUESTAS

1. **I know both countries well.**
2. **I saw (that) the two boys didn't like each other.**

Which se emplea en las interrogaciones como pronombre o como adjetivo. Puede ser sujeto o complemento; implica siempre una elección entre un número limitado de elementos. Se traduce por "cuál, cuáles, el cual, la cual, los cuales, las cuales, el o la cuál de ellos, etc.".

→ *Atención:* el interrogativo **which** se emplea tanto para las personas como para las cosas.

- **Which** pronombre interrogativo

  Which of you will do it?
  ¿Cuál de ustedes quiere hacerlo?
  Which did you buy?
  ¿Cuál compró Ud.?
  Which is the latest model?
  ¿Cuál es el último modelo?
  Which will you have?
  ¿Cuál (cuáles) tomará Usted?

→ *Observación:* **which** pronombre, puede ser sustituido por **which one** (donde **which** es adjetivo).

- **Which** adjetivo interrogativo

  Which day would suit you best?
  ¿Qué día le convendría mejor?
  Which car is the faster?
  ¿Cuál de estos dos coches es el más rápido?

Obsérvese el empleo del comparativo que se aplica a una elección entre dos.

■ EJERCICIOS

Tradúzcase
1. **Préstame uno de tus periódicos, por favor. —¿Cuál?**
2. **¿Con cuál de los dos hermanos se casó?**

■ RESPUESTAS

1. **Please lend me one of your papers. —Which (one)?**
2. **Which of the two brothers did she marry?**

La preposición **of** puede corresponder a varias traducciones y algunas veces puede, incluso, no traducirse.

- Sustantivo + **of** + sustantivo (o pronombre)

  A great deal of people. Un gran número de gentes.
  A friend of mine. Uno de mis amigos. Un amigo mío.
  A cup of tea. Una taza de té.

  Se trata del contenido; **a tea-cup** indicará el destino del recipiente: una tasa donde se sirve el té.

- Adjetivo + **of** + pronombre (o sustantivo)

  It's very kind of her. Es muy amable (de su parte).
  How nice of you! ¡Qué amable es!

  Adjetivo + **of** + sustantivo

  He was found guilty of the crime.
  Él fue declarado culpable del crimen.
  Don't be afraid of the dog.
  No tenga miedo del perro.

- Verbo + **of** + complemento

  Did you think of your appointment?
  ¿Pensó usted en su cita?
  Beware of the step!
  ¡Sea precavido al caminar!

→ *Observación:* La preposición española "de" no se traduce necesariamente por **of**; algunas veces no aparece en Inglés:

  To need something. Tener necesidad *de* algo.

■ EJERCICIOS

Tradúzcase
1. **Es muy amable de su parte en ayudarme.**
2. **Desconfíe del perro.**
3. **Ella no pensó en mi cumpleaños.**

■ RESPUESTAS

1. **It was very nice of you to help me.**
2. **Beware of the dog.**
3. **She didn't think of my birthday.**

- Después de **it's high time**, "ya es hora de que"; **it's time,** "es hora de que"; **it's about time,** "es casi hora de que", se utiliza la misma forma del pretérito que se encuentra después de **I wish** (cf. B.23, B.50) o **I'd rather,** yo preferiría.

→ Sin embargo, este pretérito tiene aquí más bien el valor de un *futuro inmediato.*

> **It's high time we left.** Ya es hora de que nos vayamos.
> **It's about time he arrived.** Es casi hora de que (él) llegue.
> **It's high time the children went to sleep.**
> Ya es hora de que los niños se duerman.

→ *Observación:* Existe **it's time** seguido del infinitivo.

> **It's time to go.** Es tiempo de partir.

La expresión **It's high time** está seguida siempre del pretérito.

■ EJERCICIOS

Selecciónese la respuesta correcta

① **It's high time.........**

   a. for you to answer   c. you will answer
   b. you answer   d. you answered

② **It's high time he......... up his mind.**

   a. makes   c. will make
   b. made   d. make

Tradúzcase

③ **Ya es hora de que usted le escriba.**

④ **Ya era hora de que él partiera.**

■ RESPUESTAS

① **d. It's high time you answered.**
   Ya es hora de que usted responda.

② **b. It's high time he made up his mind.**
   Ya es hora de que él se decida.

③ **It's high time you wrote to him (her).**

④ **It was high time he left.**

El comparativo de superioridad (véase B.18) se forma:
— si el adjetivo es corto, se añade la terminación **-er**
— si es largo, se antepone la palabra **more**

old, "viejo"	→ **older,** "más viejo"
comfortable, "cómodo"	→ **more comfortable,** "más confortable"

El comparativo de inferioridad se forma anteponiendo al adjetivo, ya sea corto o largo, la palabra **less.**

less old	→ menos viejo
less comfortable	→ menos confortable

• Comparativo reforzado

En Español se puede reforzar la intensidad del comparativo anteponiendo al adjetivo las palabras mucho o muy.

En Inglés, se obtiene el mismo resultado con **far** o **much** delante del comparativo.

mucho más viejo	**much/far older**
mucho menos cómodo	**far/much less comfortable**

→ Esta construcción se aplica también a los adjetivos o a los adverbios precedidos por **too** "demasiado" **far/much too long:** muy largo tiempo, adverbios incompatibles en Español.

■ EJERCICIOS

Tradúzcase
① **Él es mucho más joven que su mujer.**
② **Su coche es mucho más poderoso que el mío.**
③ **Él es mucho más rico que sus vecinos.**

■ RESPUESTAS

① **He is far** (o **much) younger than his wife.**
② **His car is far** (o **much) more powerful than mine.**
③ **He is far richer than his neighbours.**

• El defectivo **I must,** "yo debo", se combina con un verbo en infinitivo no precedido de **to.** Hemos visto (cf. B.51) que los defectivos, así como los auxiliares, se combinan no solamente con el infinitivo presente (sin **to**) sino también con el infinitivo pasado, el infinitivo pasivo y el infinitivo pasado pasivo (también sin **to**).

(1) **He must do it before tonight.**
Él debe hacerlo antes de esta noche.

(2) **He must have finished now.**
Él debe haber terminado ahora.

(3) **It must be done before tonight.**
Esto debe hacerse antes de esta noche.

(4) **It must have been finished.**
Ello debe haber terminado.

→ Se observará, comparando los ejemplos 2 y 4, respectivamente, con los ejemplos 1 y 3, un cambio de una noción de una obligación imperiosa hacia una de muy alta probabilidad. Esto se explica por el hecho de que **must** tiene un sentido más fuerte, el de la obligación absoluta o estricta, esencialmente en el presente. Se observa también que **must** es un defectivo con forma única (contrariamente a **can** y **may**), y que se utiliza **should** o **ought to** para expresar la idea de obligación atenuada (cf. B.51).

■ EJERCICIOS

Tradúzcase
(1) **¿Cuándo debe estar terminado esto?**
(2) **Ellos deben haber llegado ahora.**
(3) **Se le debe haber dicho a usted porqué ella estaba tan enojada.**

■ RESPUESTAS

(1) **When must this be finished?**
(2) **They must have arrived by now.**
(3) **You must have been told why she was so angry.**

- En Inglés, un verbo se coloca en la forma **-ing** (véase B.59 y B.98) después de **to mind,** "tener inconveniente en" como después de los verbos **to avoid,** "evitar"; **to enjoy,** "alegrarse", "aprovecharse de"; **to resent,** "resentirse"; y las expresiones **to be worth,** "valer la pena"; **I can't help** (cf. B.32), "no puedo evitar"; **it's no use,** "no sirve de nada"; **to be used to** (cf. B.45) "estar acostumbrado a".

- En este caso la forma **-ing** se llama sustantivo verbal y puede entonces tener un complemento.

  Do you mind lending me your car?
  ¿Le molestaría prestarme su coche?

  e ir precedida algunas veces del adjetivo posesivo —forma clásica— sustituido frecuentemente por el pronombre personal complemento en el Inglés moderno:

  Do you mind my borrowing your car? o
  Do you mind me borrowing your car?
  ¿Tiene Ud. inconveniente en que yo le pida prestado su coche?

→ Otra construcción posible con **to mind:**

  Do you mind if I borrow your car?
  ¿Le molesta (molestaría) si yo le pido a Ud. prestado su coche?

■ EJERCICIOS

Selecciónese la respuesta correcta

(1) **Do you mind . . . . ?**

    a. to repeat   c. repeat
    b. repeating   d. repeated

Tradúzcase

(2) **No me molesta conducir en la noche.**

■ RESPUESTAS

(1) **b. Do you mind repeating?**
    ¿Le molestaría repetir?

(2) **I don't mind driving by night.**

- En el Inglés, un verbo se encuentra siempre en la forma -**ing** después de una preposición (cf. B. 98):

  He left a message before leaving.
  Él dejó un mensaje antes de partir.
  They'll be surprised at meeting you.
  Ellos estarán sorprendidos de encontrarlo.

→ No se olvide que, además de su papel en el infinitivo, **to** es también una preposición: **to go to London:** ir a Londres.

  De esta manera, la preposición **to** introduce el complemento de ciertos verbos o expresiones (cf. B.45 y B.98).

  To be used to. Estar acostumbrado a. . .
  To get used to. Acostumbrarse a. . .
  To look forward to. Tener la ilusión de. . .
  To object to. Tener objeciones a. . .

→ *Compárese:*

  I am used to this car.
  Estoy acostumbrado a este coche.
  I am used to driving Bob's car.
  Estoy acostumbrado a manejar el coche de Bob.

■ EJERCICIOS

Selecciónese la respuesta correcta
1. **They objected to. . . . . overtime.**

   a. working   c. have worked
   b. work   d. worked

Tradúzcase
2. **Por favor toque antes de entrar.**
3. **Él miró todo el espectáculo sin sonreír una sola vez.**

■ RESPUESTAS

1. **a. They objected to working overtime.**
   Ellos pusieron objeciones para no trabajar tiempo extra.
2. **Please ring before coming in (entering).**
3. **He watched the whole show without smiling once.**

- **The same,** "el (los) mismo(s), la(s) misma(s)" indica una identidad completa.
  Nunca se emplea el artículo indefinido delante de **same.**

  They were moved by the same faith.
  Ellos estuvieron motivados por una/la misma fe.

  Se puede emplear el artículo indefinido con los adjetivos: **similar,** "semejante, similar"; **identical,** "idéntico".

→ Este empleo de **the** delante de **same,** pone a la luz un sentido muy preciso, puntual y restrictivo de **the** en Inglés, como en las expresiones siguientes:

  He is the specialist in this field.
  Es el especialista en esta rama.

  (**The** se pronuncia aquí con el sonido de "i" larga).

  Recordatorio sobre el artículo definido.

- El artículo definido **the** es invariable. Se le utiliza cada vez que aparece una precisión particular; se omite delante de los sustantivos plurales, abstractos, o geográficos: **physics,** "la física"; **France,** "Francia", pero se dirá **the physics of plasmas,** "la física de los plasmas"; **the France of Napoleon,** "la Francia de Napoleón".

- La precisión puede estar dada por el complemento del sustantivo (introducida por **of**) o por una proposición relativa:

  The woman (that) I love. La mujer que yo amo.

- Se emplea también el artículo definido **the** con los sustantivos de cosas únicas en su género (**the world,** "el mundo") o con un sustantivo singular que representa una categoría (**the Press,** "la prensa") o un adjetivo sustantivado correspondiente a un plural en Español (**the blind,** "los ciegos"), los sustantivos de ciudades, de países compuestos: (**the USA**), de mares, ríos, montañas, etc.

■ EJERCICIOS

¿Colocaría usted el artículo "the" en las frases siguientes?

① .... furniture of their house.   Yes No
② He bought........ same books.   Yes No
③ I like........ coffee.   Yes No
④ .... book he offered me is good.   Yes No
⑤ .... coffee she made was too strong.   Yes No
⑥ .... history of mankind.   Yes No
⑦ .... French eat a lot of bread.   Yes No

Tradúzcase
⑧ La única cosa que (hay que) hacer es partir inmediatamente.
⑨ Los irlandeses dicen que ellos tienen el mejor whisky del mundo.

■ RESPUESTAS

① Yes (el mobiliario de su casa).
② Yes (él compró los mismos libros).
③ No (me gusta el café).
④ Yes (el libro que él me ofreció es bueno).
⑤ Yes (el café que ella nos hizo estaba muy fuerte).
⑥ Yes (la historia de la humanidad).
⑦ Yes (los franceses comen mucho pan).

⑧ The only thing to do is to leave immediately.
⑨ The Irish say (claim) they have the best whiskey in the world.

- Estas dos expresiones pueden introducir un grupo verbal. Son conjunciones que significan "desde que".

  We shall leave as soon (as early) as we can.
  Partiremos tan pronto como podamos.

- Pero solamente **as early as** puede introducir un sustantivo o un pronombre, es decir hacer la función de la preposición "desde":

  As early as 2 p.m. Desde las 2 p.m.

- **Early** y **soon** pueden también ser adverbios.

  early = "temprano, pronto"
  soon = "pronto, próximamente"

  He arrived early. Él llegó temprano.
  We'll write very soon. Escribiremos pronto.
  Do you really have to leave so soon?
  ¿Es verdaderamente necesario que usted salga tan temprano?

- **Early** es también un adjetivo: con el significado de "precoz, matinal, próximo, cercano".

  Early youth. La primera juventud.
  At an early date. Próximamente.

→ Obsérvense los empleos idiomáticos de **early.**

  In the early 70's. Al principio de los años setentas.
  In early March. Al principio del mes de marzo.
  She was in her early forties. Ella tenía entre 40 y 45 años o Ella estaba en los inicios de los cuarenta.

Compárese con **he was in his late forties** (45 a 49).

■ EJERCICIOS

Tradúzcase

(1) **Los candidatos deberán tener entre 30 y 35 años.**
(2) **La encontré al principio de los años 60.**
(3) **Yo le escribiré tan pronto como lo sepa.**
(4) **Es demasiado pronto para decirlo.**

■ RESPUESTAS

(1) **The candidates should be in their early thirties.**
(2) **I met her in the early 60's.**
(3) **I'll write to you as soon as I know.**
(4) **It is too early (too soon) to tell.**

Estas palabras significan "aún o todavía" pero no se colocan de la misma manera:

> I **can still** see him. ⎫ Todavía puedo verlo.
> pero → I **can** see him **yet**. ⎭ Lo veo aún.

> He **still** has to learn. Él todavía tiene que aprender.
> pero → He **has yet** to learn. . . Él debe aprender aún. . .

En general "aún y todavía" se traducen:

- Por **still** en una *frase afirmativa o interrogativa*.

  > We **still** see him occasionally.
  > Todavía lo vemos de vez en cuando.
  > Do you **still** believe it?
  > ¿Todavía lo cree usted?

- Por **yet** en una *frase negativa (o interrogativa-negativa)*.

  > He hasn't **yet** arrived o He hasn't arrived **yet**.
  > (Él) no ha llegado aún.

→ Si se quiere insistir sobre un retraso anormal, se dirá:

  > He's **still** not arrived. Él todavía no ha llegado.

→ Inversamente, se encontrará **yet** en una pregunta con significado de "ya".

  > Has he arrived **yet**? ¿Él ha llegado ya?

■ EJERCICIOS

Tradúzcase

1. Él no ha telefoneado aún.
2. Él no ha telefoneado todavía.
3. Yo no lo he hecho aún.
4. ¿Por qué no ha respondido todavía?
5. Es aún muy temprano.

■ RESPUESTAS

1. He hasn't phoned yet o He hasn't yet phoned.
2. He still hasn't phoned.
3. I haven't done it yet.
4. Why hasn't she answered yet?
5. It is still too early o It is too early yet o It is yet too early.

- Como los adjetivos posesivos, los pronombres concuerdan con el poseedor.

  mine: el (los) mío(s), la(s) mía(s).
  yours: el (los) tuyo(s), la(s) tuya(s).
  his: el (los) suyo(s), la(s) suya(s) (de él).
  hers: el (los) suyo(s), la(s) suya(s) (de ella).
  its own: el (los) suyo(s), la(s) suya(s) (neutro).
  ours: el (los) nuestro(s), la(s) nuestra(s).
  yours: el (los) suyo(s), la(s) suya(s) (de usted o de ustedes).
  theirs: el (los) suyo(s), la(s) suya(s) (de ellos o de ellas).

- Estos pronombres pueden ser sujetos o complementos:

  Mine is more expensive
  El mío es el más caro (la mía, etc.).
  May I borrow yours?
  ¿Puedo pedir el suyo? (la suya, etc.).

→ *Observación:* Para traducir: "el de Juan, el de tu hermano, etc.", se utiliza el caso posesivo.

  May I borrow John's? ¿Puedo pedir el de Juan?
  May I borrow your brother's? ¿Puedo pedir el de tu hermano?

  John's, brother's equivalen a **John's one, your brother's one.**

■ EJERCICIOS

Tradúzcase
1. **Dame el tuyo.**
2. **¿Dónde está el suyo (de ellos)?**
3. **¿Dónde están los suyos (de ellas)?**
4. **¿Has traído el de Juan?**

■ RESPUESTAS

1. **Give me yours.**
2. **Where is theirs?**
3. **Where are theirs?**
4. **Did you bring John's?**

• Después de **until,** "hasta que", se emplea el presente de indicativo del Inglés en lugar del presente de subjuntivo del Español:

> **We'll wait until he comes.**
> Esperaremos hasta que él venga.

• Lo mismo sucede después de la conjunción **before,** "antes que":

> **They'll leave before she comes.**
> Ellos partirán antes de que ella venga.

• Después de **when** (conjunción con el sentido de "cuando", véase B.6) y **as soon as,** "tan pronto como":

> **We'll leave when you are ready** o **We'll leave as soon as you are ready.**
> Partiremos cuando tú estés listo.
> **I'll write to you when (as soon as) I have received the parcel.**
> Le escribiré a usted cuando (tan pronto como) haya recibido el paquete.

■ EJERCICIOS

Tradúzcase

(1) **Venga cuando Ud. quiera.**
(2) **Gritaré hasta que ellos me escuchen.**
(3) **Él me telefoneará tan pronto como la haya visto.**
(4) **Insista hasta que él lo tome.**
(5) **Yo se lo daré cuando él venga.**

■ RESPUESTAS

(1) **Come when you want (to).**
(2) **I shall shout until they hear me.**
(3) **He'll phone me as soon as he has seen her.**
(4) **Insist until he takes it.**
(5) **I'll give it to him when he comes.**

- **South** es:
  - un *sustantivo*

    He lives in the south. Él vive en el sur.
  - un *adjetivo*

    The south wall. La pared del sur.
    The south hemisphere. El hemisferio sur.
  - o un *adverbio* que indica movimiento

    To go south. Ir hacia el sur (al sur).
- **Southern** es solamente un *adjetivo*.

    The southern hemisphere. El hemisferio sur.
    A southern breeze. Una brisa sureña.
- Del mismo modo **north, east** y **west** son a la vez sustantivos, adjetivos y adverbios que indican movimiento, mientras que **northern, eastern,** y **western** sólo son adjetivos.

  En Inglés, para traducir "oriental" y "occidental", se emplea más frecuentemente **eastern** y **western** en lugar de los adjetivos **oriental** y **occidental** que son raros.

    The western countries. Los países occidentales.

■ EJERCICIOS

Tradúzcase

1. Usted tendrá que ir hacia el este.
2. Su familia vive en el norte de Francia.
3. Su hermana vive más al sur.
4. Las naciones occidentales están preocupadas por la crisis del Medio Oriente.
5. ¡Vaya hacia el oeste!/¡Vayan al oeste!

■ RESPUESTAS

1. You will have to go east.
2. His (her) family lives in the north of France.
3. His (her) sister lives further south.
4. The western nations are concerned about the Middle-East crisis.
5. Go west!

Para comprender mejor esta estructura, piense en:

What do you want me to do? ¿Qué quiere usted que yo haga?

- **To expect** se construye como **to want** (véase B.9)

    I **want** him **to come.** Quiero que él venga.
    I **expect** them **to come.** Espero que ellos vengan.

Him y **them** son a la vez complementos de **to want** y de **to expect** y sujetos de **to come.**

■ EJERCICIOS

Tradúzcase

1. **No espero que ellos vengan.**
2. **Lo esperamos (a él) la semana próxima.**
3. **¿Qué esperaba usted que él hiciera?**
4. **No esperamos a que ella esté de acuerdo.**
5. **Yo no me esperaba a que él dijera eso.**

■ RESPUESTAS

1. **I don't expect them to come.**
2. **We expect him (to arrive) next week** o **He is expected (to arrive) next week.**
3. **What did you expect him to do?**
4. **We don't expect her to agree.**
5. **I didn't expect him to say that.**

To be different from something, from somebody.
Ser diferente de algo, de alguien.

- En Inglés Estadounidense se encuentra la construcción con **than.**

   The new session is different than the previous one.
   La nueva sesión es diferente de la anterior.

- Se encuentran también algunas veces construcciones con **to.**

   A very different situation to the one we know.
   Una situación muy diferente de la que conocemos.

→ *Observación:* No se deberá confiar mucho en él "de" Español cuya traducción es variable en Inglés* (cf. B.54):

   To be responsible for something.
   Ser responsable de algo (de alguna cosa).
   To be guilty of something. Ser culpable de algo.
   To be accused of something o
   To be charged with something.
   Ser acusado de algo.

■ EJERCICIOS

Tradúzcase

(1) **Ella es muy diferente de su hermana.**
(2) **Ellos son más diferentes de lo que usted piensa.**
(3) **Sus soluciones no son tan diferentes de lo que uno podría creer.**
(4) **Ellos son muy diferentes uno del otro.**

■ RESPUESTAS

(1) **She is very different from her sister.**
(2) **They are more different than you think.**
(3) **Their solutions are not so different as one might believe.**
(4) **They are very different one from the other.**

---

* Es decir, además de traducirse como "diferente de" también puede traducirse como "diferente a" (N. del R.T.).

- Después de **as** + verbo

  As he said later, that was quite a surprise.
  Como él lo dijo más tarde, fue verdaderamente una sorpresa.
  As he admitted in her book, she was not prepared for it.
  Como ella lo admitió en su libro, no estaba preparada para eso.
  The results were not as good as we expected.
  Los resultados no fueron tan buenos como lo esperábamos.
  As we thought. Como lo pensábamos.
  As we believed. Como lo creíamos.
  As they hoped. Como lo esperaban.

- Después de **than** + verbo

  He is richer than you think.
  Él es más rico de lo que usted piensa.
  The results are better than we expected.
  Los resultados son mejores de lo que esperábamos.
  The situation was even worse than they implied.
  La situación era aún peor de lo que ellos dieron a entender.
  More than you know. Más de lo que usted sabe.
  More than you think. Más de lo que usted piensa.
  More than they deserve. Más de lo que ellos merecen.

■ EJERCICIOS

Tradúzcase

① **Ellos me contestaron más pronto de lo que yo esperaba.**
② **¿Es más difícil de lo que tú pensabas?**
③ **Como usted se lo podrá imaginar, esto no ha sido particularmente agradable.**
④ **No fue tan fácil como me lo esperaba.**

■ RESPUESTAS

① **They answered me sooner than I expected.**
② **Is it more difficult than you thought?**
③ **As you may imagine, it was not particulary pleasant.**
④ **It was not as easy as I had hoped.**

A friend of mine. Un(a) amigo(a) mío(a).
A friend of yours. Un(a) amigo(a) tuyo(a).
A friend of his. Un(a) amigo(a) suyo(a), de él.
A friend of hers. Un(a) amigo(a) suyo(a), de ella.
A friend of ours. Un(a) amigo(a) de nosotros(as).
A friend of yours. Un(a) amigo(a) de usted(es).
A friend of theirs. Un(a) amigo(a) suyo(a) de ellos o de ellas.

Del mismo modo:

A relative of his (etc.). Un pariente de él.

• Este tipo de construcción es igualmente frecuente después de **no.**

This no problem of mine.
No es mi problema o No es un problema mío.
This is no business of yours.
No es asunto de usted o No es un asunto suyo.
This is no concern of his.
Esto no le interesa (a él).

• Y después de **that:**

That idea of yours. Tu idea o Esa idea tuya.
That uncle of his. Su tío (de él).

→ *Observación:* Este tipo de construcción se emplea igualmente con un sustantivo, el cual se expresa en caso posesivo:

A friend of Bob's. Un amigo de Bob.
A friend of my father's. Un amigo de mi padre.
A friend of my parents'. Un amigo de mis padres.

■ EJERCICIOS

Tradúzcase

1. **Un amigo de mi hermana.**
2. **Una idea de él.**
3. **Eso no es asunto de ella.**
4. **Un amigo de Ted.**

■ RESPUESTAS

1. **A friend of my sister's.**
2. **An idea of his.**
3. **It's no concern of hers.**
4. **A friend of Ted's.**

Whichever puede ser:

* *adjetivo*

    Whichever way you look at it. . .

    De cualquier forma que usted lo considere. . .

* *pronombre sujeto*

    Whichever happens, we can only profit by it.

    Cualquier cosa que suceda, de todos modos nos benefi-
    ciaremos.

Obsérvese que a diferencia del pronombre relativo
which, puede aplicarse a personas.

    **I'd like to speak to your father or mother, whichever is
    at home.**

    Yo quisiera hablar con su padre o con su madre, cualquiera
    que esté en casa.

* *pronombre complemento*

    Take whichever you prefer. Tome el que usted prefiera.

    Whichever you choose, you'll make a good bargain.

    Cualquiera que usted escoja hará un buen negocio.

■ EJERCICIOS

Tradúzcase

1. **Tome el libro que le guste más.**
2. **De cualquier lado que él miraba, no veía más que nieve.**
3. **Cualquiera que sea el partido que gane las elecciones, la crisis económica continuará.**
4. **Cualquiera que sea la manera en la que usted considere la situación. . .**

■ RESPUESTAS

1. **Take whichever book you like best.**
2. **Whichever way he looked, he saw nothing but snow.**
3. **Whichever party wins the elections, the economic crisis will go on.**
4. **Whichever way you look at the situation. . .**

- **One of the. . .** "uno de los. . ." debe ir seguido de un plural:

    One of the toys. Uno de los juguetes.

    Sin embargo el verbo que sigue después, debe estar en singular y concordar con **one**.

    One of the toys was broken. Uno de los juguetes estaba roto.

- En el caso posesivo se tendrá:

    One of Bob's toys was broken.
    Uno de los juguetes de Bob estaba roto.
    One of the child's toys was broken.
    Uno de los juguetes del niño estaba roto.
    One of the children's toys was broken.
    Uno de los juguetes de los niños estaba roto.
    One of the girl's toys was broken.
    Uno de los juguetes de la niña estaba roto.
    One of the girls' toys was broken.
    Uno de los juguetes de las niñas estaba roto.

→ Con un plural regular (en **s**) el apóstrofo del caso posesivo se coloca después de la **"s"**.

    The boy's toy. El juguete del muchacho.
    The boy's toys. Los juguetes del muchacho.
    The boys' toy. El juguete de los muchachos.
    The boys' toys. Los juguetes de los muchachos.

■ EJERCICIOS

Tradúzcase
1. **Uno de los zapatos de mi hijo.**
2. **Una de las ideas de mis amigos.**
3. **Uno de los coches de Jim.**

■ RESPUESTAS

1. **One of my son's shoes.**
2. **One of my friends' ideas.**
3. **One of Jim's cars.**

• Los interrogativos "cuántos(as)" se traducen por el plural **how many** y el singular "cuánto(a)" se traduce por **how much**.

> **How many brothers has he got?** ¿Cuántos hermanos tiene él?
>
> **How much money has he got?** ¿Cuánto dinero tiene él?

o

> **How many has he got?** (sobrentendido **brothers**).
>
> **How much has he got?** (sobrentendido **money**).

• "(De) cuánto(s)... más" se traducirá por **How many more** o **how much more** según se trate de un plural o un singular, respectivamente.

> **How many more chairs do you need?**
> ¿Cuántas sillas más necesita usted?

o

> **How many more do you need?** (sobrentendido **chairs**).
>
> **How much more time do you need?**
> ¿Cuánto tiempo más necesita usted?

o

> **How much more do you need?** (sobrentendido **time**).

■ EJERCICIOS

Tradúzcase

① **¿Cuántas mesas más necesitará usted?**
② **¿Cuánto tiempo más necesitará ella(él)?**
③ **¿Cuántos quiere de más?**
④ **¿De cuánto dinero más tendrá él necesidad?**

■ RESPUESTAS

① **How many more tables will you need?**
② **How much more time will she (he) need?**
③ **How many more do you want?** (para el plural) o **How much more do you want?** (para el singular).
④ **How much more money will he need?**

• Obsérvense las expresiones siguientes donde el artículo definido "el"* en Español es sustituido por el artículo indefinido **a** en Inglés:

> **To have a sense of humour.** Tener (el) sentido del humor.
> **To have a sense of duty.** Tener (el) sentido del deber.
> **To have a taste for responsibility.** Tener (el) sentido de la responsabilidad.
> **To have a gift for languages.** Tener el don de las lenguas.
> **To have a talent for compromise.**
> Tener talento para los compromisos.
> **To have an interest in sports.**
> Tener interés por los deportes.
> **To have a liking for business.** Tener gusto por los negocios.

Este empleo de **a** es frecuente para indicar la noción de capacidad, competencia, inclinación, con palabras como **ability, capacity, aptitude,** etc.

→ Obsérvese que lo contrario será: **He has no sense of humour.** Él no tiene (el) sentido del humor. **No sense of duty. No taste for responsibility. No gift for languages,** etc.

■ EJERCICIOS

Tradúzcase
1. **Él tiene el sentido del humor.**
2. **Ella tiene (el) sentido de la responsabilidad.**
3. **Mi hijo tiene el don de las lenguas.**

■ RESPUESTAS

1. **He has a sense of humour.**
2. **She has a taste for responsibilities.**
3. **My son has a gift for languages.**

* Nota del T. En algunas ocasiones este artículo suele suprimirse en Español.

To remember tiene dos construcciones posibles:

- Cuando **to remember** significa "acordarse de un hecho pasado", el verbo que le sigue está en la forma **-ing**.

  I don't remember meeting them.
  Yo no me acuerdo de haberlos encontrado.

- Cuando **to remember** implica el "no olvidar" un hecho que está por venir, el verbo que le sigue estará en infinitivo con **to**.

  Remember to phone him tomorrow!
  ¡No olvide telefonearle mañana!

To remind tiene también dos construcciones posibles:

- Cuando este verbo significa "recordar un hecho pasado", está seguido de **of**:

  It reminds me of my promise.
  Ello me recuerda mi promesa.

  Por tanto, si está seguido de un verbo, éste último estará en la forma **-ing** requerida por la preposición **of**).

- Cuando significa "recordar algo a alguien" (recordar a alguien que debe hacer alguna cosa, sentido futuro) estará seguido del infinitivo con **to**.

  Remind him to phone tomorrow!
  ¡Recuérdale que debe telefonear mañana!

■ EJERCICIOS

Tradúzcase

1. **No olvide cerrar la puerta con llave.**
2. **Yo no me acuerdo de haberla encontrado.**
3. **Recuérdale (a él) comprar (la) leche o Recuérdale que compre la leche.**
4. **Ello me recuerda mi juventud.**

■ RESPUESTAS

1. **Remember to lock the door.**
2. **I don't remember meeting her.**
3. **Remind him to buy some milk.**
4. **It reminds me of my youth.**

La edad se expresa en Inglés utilizando el verbo **to be,** "ser o estar".

> **How old is he?** ¿Qué edad tiene él?
> **He is 14 (fourteen)** o **He is fourteen years old.** Él tiene 14 años.
> **He is a fourteen-year-old boy.** Es un muchacho de 14 años.

→ Obsérvese que **fourteen-year-old** desempeña el papel de un adjetivo, compárese con **a young boy,** un muchacho joven; es por tanto normal que se vuelva una palabra única, gracias a los guiones que la unen, y que pierda así su marca del plural.

Compárese con los ejemplos siguientes que corresponden al dominio de la distancia y la duración.

> **A distance of two miles.** Una distancia de dos millas, pero
> **A two-mile walk.** Una caminata de dos millas, en donde **two-mile** se vuelve adjetivo (y es por tanto invariable).
> **It will last three hours.** Ello durará tres horas, pero
> **A three-hour walk.** Una caminata de tres horas.

■ EJERCICIOS

Tradúzcase

1. **Ella tiene 17 años.**
2. **Tengo un hijo de 15 años y una hija de 9 años.**
3. **Mi padre tiene 62 años.**
4. **Es una mujer de 45 años.**

■ RESPUESTAS

1. **She is seventeen (she is seventeen years old).**
2. **I have a 15-year-old son and a 9-year-old daughter.**
3. **My father is sixty-two (62 years old).**
4. **She is a 45-year-old woman.**

It is late. Es tarde.
To be late. Estar retrasado.
In late October. A fines de octubre.
In the late 70's. Al final de los años setentas.
She is in her late thirties. Ella tiene entre 35 y 40 años.
The late minister. El antiguo ministro.
Of late. Últimamente, recientemente, desde hace poco.
Later on. Más tarde.
At a later date. En una fecha posterior.
The latter. El último (de los dos) a menudo opuesto a **the former,** el primero (de los dos).
At the latest. A más tardar.
Lately. Recientemente.
Latest date. Fecha límite.

→ Atención a la diferencia entre **the latest:** "el (la) último(a), los (las) últimos(as) en fecha, el (la), los (las) más reciente(s)", y **the last:** "el (la) último(a), los (las) últimos(as)", que indican el final. Sin embargo, esta distinción está lejos de ser absoluta: **in my last letter** "en mi última carta" no indica que se haya dejado de escribir; **our last delivery** "nuestra última entrega" no indica que las entregas se vean definitivamente interrumpidas.

→ Más clara es aún la distinción entre **at last,** "al fin", que indica un alivio después de una espera, y **lastly,** "al fin, en último lugar, para terminar", en una enumeración o demostración.

     At last he came! ¡Él llegó al fin!
     Lastly we have to mention. . . Finalmente tenemos que mencionar. . .

■ EJERCICIOS

Tradúzcase
1. **Su antiguo domicilio.**
2. **Yo pienso que él tiene entre 55 y 60 años.**
3. **Finalmente, debemos tener en cuenta varios factores.**

■ RESPUESTAS

1. **His (her) late home.**
2. **I think he is his late fifties.**
3. **Lastly, we have to take several factors into account.**

- Después de **to see, to hear,** se puede tener el esquema siguiente:

  verbo de percepción + sustantivo o pronombre + infinitivo sin **to**

  They heard him leave. Ellos lo oyeron salir.

  o

  verbo de percepción + sustantivo o pronombre + terminación -**ing**

  I saw Mary approaching. Vi a María aproximarse.

- En el pasivo, vuelve a aparecer el infinitivo con **to:**

  He was heard to leave. Se le oyó partir.
  She was seen to approach. Se le vio aproximarse.

■ EJERCICIOS

Tradúzcase
1. ¿Le ha Ud. oído venir?
2. Se le oyó salir.
3. Yo la he oído hablar.
4. He oído a Bob telefonear a su hermana.

■ RESPUESTAS

1. **Did you hear him come?** o **Did you hear him coming?**
2. **He was heard to leave.**
3. **I heard her speak.**
4. **I heard Bob phone his sister.**
   I heard Bob phoning his sister.

- Precedidos de un número o de una cifra, y seguidos de un sustantivo, **thousand** y **hundred** son invariables.

   4 thousand cars. 4 000 coches.
   2 hundred books. 200 libros.

- Con el sentido más vago de "millares de, cientos de", se construye:

   Thousands of cars. Millares de coches.
   Hundreds of books. Cientos de libros.

- Con **many** y **several,** dos construcciones son posibles. La primera es la más frecuente:

   Several thousand cars.   Several hundred books.
   Many thousand cars.   Many hundred books.
   Varios millares de coches. Varios cientos de libros.

   en donde **several** y **many** se asimilan a las cifras. Se puede encontrar también:

   Several thousands of cars.   Many thousands of cars.
   Several hundreds of books.   Many hundreds of books.

- Lo que se ha indicado para **thousand** y **hundred** también es válido para **million** y **billion.**
→ *Atención,* en el Inglés Británico **billion** equivale a "un billón"* y en el Inglés Estadounidense **billion** equivale a 1 000 millones.

■ EJERCICIOS

Tradúzcase
① **Ellos fabrican tres mil coches por día.**
② **El periódico ha recibido cientos de cartas.**
③ **Varios millares de personas asistieron a la reunión.**

■ RESPUESTAS

① **They manufacture three thousand cars a day.**
② **The paper has received hundreds of letters.**
③ **Several thousand people attended the meeting.**

---

* En el Español un billón equivale a un millón de millones $(10)^{12}$. N. del R.T.

• **His** y **her** están estrictamente reservados a personas del sexo masculino y femenino respectivamente, o en el Inglés Británico tradicional, a los barcos y a los países.**

Observaciones: En el Inglés Estadounidense y en el internacional, los países se sustituyen cada vez más por el neutro **its.** Sucede lo mismo en los barcos pero en menor medida. En cuanto al término **The United States,** en el Inglés Británico como en el Estadounidense, se le considera un neutro singular:

> **The United States is a big country, its foreign policy. . .**
> Los Estados Unidos son un país grande, su política exterior. . .

Por tanto, todo aquello que en Inglés no es biológicamente del sexo femenino o masculino, es neutro. El pronombre personal sujeto será **it;** el adjetivo posesivo **its.**

> **A company: its growth.** Una compañía: su crecimiento.
> **A union: ist members.** Un sindicato: sus miembros.

Desde luego, tales grupos podrán algunas veces considerarse como colectividades, de ahí el plural:

> **The committee: its decision (their decision).**
> El comité: su decisión.

■ EJERCICIOS

Tradúzcase
(1) **Esta compañía tiene problemas financieros: su presidente acaba de renunciar.**
(2) **Su dirección va a ser cambiada.**
(3) **Sus empleados deberán seguir una formación.**

■ RESPUESTAS

(1) **This company has financial troubles: its chairman has just resigned.**
(2) **Its management is going to be changed.**
(3) **Its employees will have to complete a training period.**

** Y también a los automóviles. N. del R.T.

• **Unless,** "a menos que, salvo si" va seguido del indicativo.

> **They won't tell you unless you ask.**
> Ellos no se lo dirán a menos que usted se los pregunte.

→ Con frecuencia se traduce por "a menos que".

> **You'll never be on time unless you take a taxi.**
> Usted nunca podrá llegar a tiempo a menos de que tome un taxi.

→ Se traduce a veces por "sólo si" (en una frase negativa).
> **She won't write unless you write first.**
> Ella no escribirá a menos de que usted le escriba primero.

→ *Observación:* Este último giro recuerda una construcción frecuente con **until** "hasta que", "hasta":
> **He won't go until you pay him.**
> Él no se irá hasta que le pague.
> **Results won't be in until tonight.**
> Los resultados no se conocerán hasta esta noche.

■ EJERCICIOS

Tradúzcase
1. **Ella no vendrá a menos de que usted la invite.**
2. **Usted no lo puede probar, a menos de que lo compre.**
3. **Él no lo hará a menos de que usted le ayude.**
4. **Va usted a perder su autobús a menos que parta ahora.**

■ RESPUESTAS

1. **She won't come unless you invite her.**
2. **You can't try it [on] unless you buy it.**
3. **He won't do it unless you help him.**
4. **You're going to miss your bus unless you leave now.**

En Inglés, encontramos a menudo:

- **El subjuntivo "simple"** (forma del infinitivo sin **to**):

    God bless you! ¡Que Dios lo bendiga!
    God save the Queen! ¡Dios salve a la Reina!

    Se le encuentra sobre todo en los documentos administrativos y jurídicos, pero en el Inglés estadounidense se le puede encontrar también en otros contextos.

    It is necessary that she attend the meeting.
    Es necesario que ella asista a la reunión.
    They insist that we accept their offer.
    Ellos insisten en que aceptemos su ofrecimiento.

- **El subjuntivo expresado** por **should** + *verbo*

    En especial después de los verbos que expresan una orden, una solicitud, una recomendación, un consejo, una sugerencia. . . (**to order, to demand, to require, to determine, to decide, to advise, to propose, to suggest. . .**)

    They suggested that he should come early.
    Ellos sugirieron que él debería venir temprano.

→ *Observación:* en Inglés estadounidense, existe la tendencia de hacer seguir estos mismos verbos de un subjuntivo "simple".

    They suggested he come early.
    Ellos indicaron que él venga temprano.

- **El pretérito "modal" con valor de subjuntivo**
    Después de **to wish** "desear" (véase B.50), **I'd rather,** "yo preferiría"; **it's high time,** "ya es hora de que" (véase B.55).

    I wish he could come! ¡Yo quisiera que él pudiera venir!
    She'd rather you stayed. A ella le gustaría más que tú te quedaras.
    It's high time we left. Ya es hora de que partamos.

- **May** *con valor subjuntivo*
    However rich they may be. . . Tan ricos como ellos pueden ser. . .

→ *Observación:* El subjuntivo, menos empleado en el Español, se sustituye:
— por una proposición infinitiva.

I want him to come. Yo quiero que él venga.

— o por el empleo del indicativo después de las conjunciones como **before,** "antes (de) que"; **until,** "hasta que"; **although,** "aunque".

Before he comes. Antes de que él venga.

→ Obsérvese la frase de la pregunta A.81 (**b**)
He ordered that the luggage should be left behind.
Se puede decir también (giro más americano):
He ordered that the luggage be left behind, o se podría decir igualmente: **He ordered us (them. . .) to leave the luggage behind.**

■ EJERCICIOS

Tradúzcase
① **Él recomendó modificar el reglamento.**
② **Yo quisiera que él estuviera con nosotros.**
③ **Yo preferiría que usted no escogiera esta fecha.**
④ **Ellos insisten para que él acepte su ofrecimiento.**
⑤ **Ella seguirá intentándolo hasta que tenga éxito.**

■ RESPUESTAS

① **He recommended that the regulation should be altered**
o bien: **that the regulation be altered**
o también: **He recommended to have the regulation altered.**
② **I wish he were with us.** (En principio, para **to be,** la forma del pretérito modal es **were** en todas las personas. Sin embargo, en el habla familiar se usa cada vez más **was** en la 3a. persona del singular: **I wish he was with us.**)
③ **I'd rather you didn't choose that date.**
④ **They insist that he accept their offer.**
⑤ **She will try until she succeeds.**

- Obsérvese cuidadosamente la diferencia en el orden de las palabras cuando una pregunta es *directa* (cf. B.40):

  What does this word mean?
  ¿Qué significa esta palabra?
  When did your brother phone?
  ¿Cuándo telefoneó su hermano?
  Where will they park their car?
  ¿En dónde estacionarán su coche?

  (el esquema es: *palabra interrogativa + auxiliar + sujeto + verbo + complemento*)

- o cuando una pregunta es *indirecta:*

  Could you tell me what this word means?
  ¿Podría Ud. decirme lo que esta palabra significa?
  I don't remember when your brother phoned.
  No me acuerdo cuándo telefoneó su hermano.
  Do you know where they will park their car?
  ¿Sabe usted en dónde estacionarán ellos su coche?

  (el esquema es: *palabra interrogativa + sujeto + (auxiliar) + verbo + complemento*)

■ EJERCICIOS

Colóquense las expresiones que aparecen entre paréntesis antes de las siguientes estructuras.

(1) **What does it mean?** (can you guess).
(2) **Where do they live?** (could you tell me).
(3) **When did John leave** (do you remember).

■ RESPUESTAS

(1) **Can you guess what it means?** ¿Puede usted adivinar lo que eso significa?
(2) **Could you tell me where they live?** ¿Podría Ud. decirme dónde viven ellos?
(3) **Do you remember when John left?** ¿Se acuerda usted cuándo partió Juan?

Son igualmente variados tanto en Inglés como en Español (cf. B.17).

- **How** + adjetivo = "qué, cómo, cuánto(s), cuánta(s), cuán"

  How lucky you are! ¡Cuánta suerte tiene Ud.!

- **What** + sustantivo = "cuál, cuáles, qué"

  What luck you have! ¡Qué suerte tiene Ud.!

→ **What** está seguido del sustantivo sin artículo cuando se trata de sustantivos abstractos. En los otros casos se emplea el artículo:

  What a surprise! ¡Qué sorpresa!

- Verbo + **such** + sustantivo "tan, tanto(s), tanta(s), tal"

  He is such a lucky man! ¡Es un hombre con tanta suerte!

→ Si el sustantivo es abstracto, no se emplea el artículo:

  She showed such courage! ¡Ella mostró tanto valor!

→ **Such** puede emplearse sin ir precedido de un verbo.

  Such a nice person! ¡Una persona tan agradable!

- Verbo + **so** + adjetivo

  He is so lucky! ¡Él es tan afortunado!/¡Él tiene tanta suerte!

→ Atención a esta frase cuando está seguida de un sustantivo:

  He is so lucky a man! ¡Es un hombre que tiene tanta suerte!

→ Esta construcción es imposible en plural, donde se requiere mejor **such:**

  They are such lucky men! ¡Son hombres que tienen tanta suerte!

■ EJERCICIOS

Tradúzcase
1. **¡Cómo es ella feliz!/¡Qué feliz es!**
2. **¡Qué extraña idea!**
3. **¡Fue una sorpresa tan grande!**

■ RESPUESTAS

1. **How happy she is!**
2. **What a strange idea!**
3. **It was such a surprise!**

- Se vuelve a tomar el auxiliar en la forma afirmativa, en el tiempo utilizado, haciéndolo seguir del pronombre personal.

  He won't come, will he?
  Él no vendrá, ¿verdad?
  They wouldn't like it, would they?
  A ellos no les gustaría eso, ¿no es cierto?
  You did not phone, did you?
  Usted no telefoneó, ¿verdad?

→ Obsérvese que cuando el sujeto es un sustantivo, se vuelve a tomar bajo la forma del pronombre correspondiente.

  John wouldn't like it, would he?
  A Juan no le gustaría, ¿no es cierto?
  Your parents didn't phone, did they?
  Sus padres no telefonearon, ¿verdad?

- Después de una frase afirmativa, se vuelve a tomar el auxiliar en la forma negativa, en el tiempo utilizado, haciéndolo seguir del pronombre personal.
  Este procedimiento no existe en Español.
  Sólo se agregan las palabras "(no es) cierto, (no es) verdad" al final de la pregunta, buscando la confirmación de la frase.

  He will come, won't he?
  El vendrá, ¿no es verdad?
  Your parents phoned him, didn't they?
  Sus padres le telefonearon, ¿no es cierto?

Consúltese también B. 44

■ EJERCICIOS

Constrúyanse las siguientes frases, agregando "¿verdad, no es cierto?"

1. **It won't be easy.**
2. **Mary didn't like it.**
3. **That wouldn't be surprising.**

■ RESPUESTAS

1. **It won't be easy, will it?** Eso no será fácil, ¿verdad?
2. **Mary didn't like it, did she?** A María no le gustó eso, ¿no es cierto?
3. **That wouldn't be surprising, would it?** Eso no sería sorprendente, ¿verdad?

- **Half as much,** "la mitad de", se emplea antes de un singular:

  > **He didn't show half as much courage as his brother.**
  > Él no mostró ni siquiera la mitad del valor de su hermano.
  > o para volverse a referir a un singular:
  > **I suppose you have enough money.**
  > **— in fact I only need half as much.**
  > Yo supongo que usted tiene suficiente dinero.
  > — Efectivamente, sólo necesito la mitad de lo que tengo.

- **Half as many,** "la mitad de. . ." se emplea antes de un plural:

  > **Give me only half as many opportunities and I will succeed.**
  > Dame solamente la mitad de esas oportunidades y yo triunfaré.
  > o para volver a referirse a un plural:
  > **How many books has he got — Half as many.**
  > ¿Cuántos libros tiene él? — La mitad por lo menos.

- **Twice as much** y **twice as many,** "dos veces más", "el doble", se utilizan de la misma manera.

■ EJERCICIOS

Tradúzcase

(1) **Tengo el doble de dinero.**
(2) **Usted me ha dado demasiados domicilios, solamente necesito la mitad (de ellos).**
(3) **La mitad de tiempo hubiera bastado.**
(4) **Él necesita el doble de sillas.**

■ RESPUESTAS

(1) **I have twice as much money.**
(2) **You're giving me too many addresses, I only need half as many.**
(3) **Half as much time would have been sufficient.**
(4) **He needs twice as many chairs.**

Estos verbos pueden presentarse como defectivos, o como verbos ordinarios.

- En el primer caso, tienen las características siguientes:
  — no llevan **s** en la 3a. persona
  — la forma negativa se hace con **not**
  — el verbo que le sigue estará en infinitivo sin **to.**
    You need not (needn't) do it. Usted no necesita hacerlo.
    He needn't come. Él no necesita venir.
    I dare say. Yo me atrevo a decir(lo).
    He dare not (daren't) do it. Él no se atreve a hacerlo.

  Need y **dare** se emplean en general como defectivos en la forma negativa.

- Se encuentran también como verbos ordinarios **(to need, to dare):**
    She needs to do it. Ella necesita hacerlo.
    She doesn't need to do it. Ella no necesita hacerlo.
    If he dares to do it. Si se atreve a hacerlo.

- Se encuentran también formas intermedias (que no aconsejamos emplear):
    He dares not forbid it. Él no se atreve a prohibirlo.
    One needs point out. . . Se necesita observar/señalar.

→ *Observaciones:*
    — **To dare** significa igualmente "desafiar"; en dicho caso solamente puede construirse como verbo ordinario.
    He dares you to do it. Él lo desafía para hacerlo.
    — **You needn't, he needn't, etc.,** se traduce frecuentemente por "no vale la pena" "es inútil".
    You need not wait. No vale la pena esperar.

■ EJERCICIOS

Tradúzcase

(1) No vale la pena que él lo haga ahora.
(2) ¿Cómo se atreven a sugerir eso?
(3) No vale la pena decir más, usted sabe.
(4) Yo me atrevo a decir que ella estará de acuerdo.

■ RESPUESTAS

(1) He needn't do it now.
(2) How dare they suggest that?
(3) You needn't say any more, you know.
(4) I dare say she will agree.

- **Any,** *adjetivo* o *pronombre* (cf. B.12), significa "algo, algún(a), algunos(as), nada, ninguno(s), ninguna(s)", en las *frases negativas, interrogativas* o *interrogativo-negativas.*

  > **Have you got any money?** ¿Tiene usted algo de dinero?
  > **I don't have any.** No tengo nada.

→ Significa "cualquier(a), cualesquiera" en las *frases afirmativas.*

  > **They are determined to win at any cost.**
  > Ellos han decidido ganar a cualquier precio.
  > **Any of them would be a good candidate.**
  > Cualquiera de ellos sería un buen candidato.

- **Any** y **some** en las *preguntas:*

  Any se utiliza cuando se espera la respuesta "no"; **some** cuando se espera la respuesta "sí"

  > **Do you want any sugar?**
  > ¿Quiere ud. algo de azúcar? (se piensa que la respuesta será "no": **No, thank you**).
  > **Do you want some sugar?**
  > ¿Quiere usted algo de azúcar (se piensa que la respuesta será "sí": **Yes, I do**).

- **Any** *adverbio,* con el sentido de "nada" se emplea delante de un comparativo y generalmente en estos casos no se traduce.

  > **Do you feel any better?** ¿Se siente usted algo mejor? o ¿No se siente Ud. nada mejor?
  > **I can't stay any longer.** No me puedo quedar más tiempo o No me puedo quedar más.

→ En un estilo más familiar, se le encuentra en expresiones del tipo:

  > **It doesn't help me any.** Eso no me ayuda en nada o No me sirve de nada.

■ EJERCICIOS

Complétese con **some** o **any**
1. We haven't got......... left.
2. They still have........., but not much.
3. I can see you like it. Will you have....... more?
4. This policy is not to be altered under...........
   circumstances.

■ RESPUESTAS

1. **We haven't got any left.** No tenemos nada más/No nos queda nada.
2. **They still have some, but not much.** A ellos todavía les queda algo, pero no mucho.
3. **I can see you like it. Will you have some more?** Veo que a Ud. le gusta (eso). ¿Quiere un poco más?
4. **This policy is not to be altered under any circunstances.** Esta política no debe alterarse bajo ninguna circunstancia.

Se muestran ejemplos de las expresiones que se forman con la ayuda de este equilibrio entre dos comparativos.

The more, the merrier. Entre más gente, más alegría.
The sooner, the better. Mientras más temprano, mejor.

• **Less** puede ser:

1) *un adjetivo,* que signifique "menor, más pequeño" (comparativo de **little**):

Of less value, de menor valor

o que signifique "menos":

less money, menos dinero.

Delante de un plural, es necesario emplear **fewer:**

Fewer cars, menos autos.

Sin embargo, en el Inglés Internacional, se encuentra cada vez con mayor frecuencia **less** delante de un plural.

Less opportunities, menos oportunidades.

Y el Inglés Británico utilizaría en este caso **fewer opportunities.**

2) *adverbio:*

Less powerful. Menos poderoso.
Less known. Menos conocido.

3) *preposición:*

Less 10%. Menos 10%.
Less the weight of the packing material. Menos el peso del material de empaque.

4) *pronombre:*

Less were available than we had hoped.
Se disponía de un número menor al que esperábamos.

5) *sustantivo:*

In less than a week. En menos de una semana.
I can't sell it for less. No puedo venderlo por menos.
He can't do less. Él no puede hacer menos.

6) *Sufijo,* añadiéndose a un sustantivo para formar un adjetivo: **useless,** "inútil"; **effortless,** "sin esfuerzo"; **childless,** "sin niños".

■ EJERCICIOS

Tradúzcase

1. (Entre) más gente, más alegría.
2. (Entre) más temprano, mejor.
3. (Entre) más pienso en eso, menos lo lamento.
4. (Entre) más los escucho, menos les creo.

■ RESPUESTAS

1. The more, the merrier.
2. The sooner, the better.
3. The more I think of it, the less I regret it.
4. The more I listen to them, the less I believe them.

- Esta forma indica la repetición de un hecho pasado:

  He used to phone every day.
  Él telefoneaba todos los días.

  o la oposición entre el presente y un pasado que en general se lamenta:

  Things aren't what they used to be.
  Las cosas no son lo que solían ser.

  En este último caso, cuando el inicio de la frase incluye al verbo ser (**to be**), éste debe volverse a tomar después de **used.**

  She is not so gay as she used to be.
  Ella no es tan alegre como solía serlo.

  Cuando el inicio de la frase incluye un verbo ordinario, **used** va seguido de **to** (quedando sobrentendida la repetición del verbo).

  He doesn't drive so fast as he used to.
  Él no conduce tan aprisa como lo solía hacer.

- **To be used to** (cf. B.45) Con el significado de "estar acostumbrado a, tener la costumbre de" + infinitivo, puede utilizar **to be used to** + verbo con la terminación **-ing.**

  He is not used to walking.
  Él no está acostumbrado a caminar.

■ EJERCICIOS

Tradúzcase
1. **Las cosas ya no son lo que eran antes.**
2. **Ella tiene la costumbre de telefonearnos los domingos.**
3. **Por costumbre, él se va a pie a la oficina.**
4. **Ella no es tan divertida como lo era (antes).**

■ RESPUESTAS

1. **Things aren't what they used to be.**
2. **She used to phone us on sundays.**
3. **He usually walks to his office.**
4. **She is not so funny as she used to be.**

- **Else** se emplea con los compuestos de **some, any, no** y los interrogativos **what, how, where, when.**

>   **Who else:** quién más. **What else:** qué más
>   **How else:** de qué otra manera
>   **Where else:** en qué otro lugar
>   **Anyone else:** ⎫ cualquier otro, (en preguntas)
>   **Anybody else:** ⎭ no importa quién más, cualquier otro(a), nadie (en frases negativas)
>   **Anything else:** no importa qué más, cualquier otra cosa (preguntas), nada más (negación)
>   **Some else:** ⎫ alguien más, cualquier otro
>   **Somebody else:** ⎭
>   **Something else:** alguna otra cosa
>   **No one else:** ⎫ nadie más
>   **Nobody else:** ⎭
>   **Nothing else:** nada más
>   **Everything else:** todo lo demás
>   **Everywhere else:** por todos lados, en cualquier otra parte
>   **Somewhere else:** en otro lado, en alguna otra parte
>   **Nowhere else:** en ningún otro lado
>   **Anywhere else:** no importa dónde, por todos lados (en pregunta y negación), en cualquier otra parte

■ EJERCICIOS

Tradúzcase
1. **En otra parte.**
2. **Nada más.**
3. **Alguien más.**
4. **¿Qué más?**
5. **¿Hay otra cosa?**
6. **No veo nada más.**
7. **En ningún lado, En ninguna otra parte.**

■ RESPUESTAS

1. **Somewhere else (o elsewhere).**
2. **Nothing else.**
3. **Somebody else. Someone else.**
4. **What else?**
5. **Is there anything else?** (o **something else** si se espera la respuesta sí).
6. **I can't see anything else.**
7. **Nowhere else.**

Para comprender bien esta construcción, es necesario descomponerla en:

    Who met her yesterday? ¿Quién la encontró ayer?

y   **did you say,** dijo usted?

Compárese:

    What did you say she did last week?
    Where did you say he went last month?

que pueden reducirse, aislando **did you say,** a:

    What did she do last week?
    ¿Qué hizo ella la semana pasada?
    Where did he go last month?
    ¿A dónde fue él el mes pasado?

→ Obsérvese también la diferencia de construcción según si **who** es *sujeto:*

who	met	her yesterday?
sujeto	verbo	complemento

o *complemento:*

who	did	she	meet	yesterday?
interrogativo	auxiliar	sujeto	verbo	complemento

→ *Observación:* En este último ejemplo, **who** es complemento de **to meet.** La forma **who** se prefiere a la forma **whom,** excepto después de una preposición (**to whom, for whom, . . .**)

■ EJERCICIOS

Tradúzcase

1. **Who did you say she saw?**
2. **Who did you say saw her?**
3. **Where did he say he met her?**

■ RESPUESTAS

1. **¿A quién dice usted que vio ella?**
2. **¿Quién la vio, dijo usted?** o **¿Quién dijo usted que la vio?**
3. **¿Dónde dijo él que la encontró?**

Es útil conocer bien las expresiones idiomáticas siguientes, muy frecuentes en la conversación:

I hope not. (Yo) espero que no.
I think not. (Yo) pienso que no.
I believe not. (Yo) creo que no.
I hope so. Espero que sí. Así lo espero.
I think so. ⎫
⎬ Pienso que sí. Así lo pienso.
I feel so. ⎭
I believe so. (Yo) lo creo. Creo que sí. Así lo creo.
I fear so. Temo que sí.
I don't think so. Yo no lo creo.
I don't feel so. No es mi opinión. No lo siento así.

■ EJERCICIOS

Tradúzcase
① **Lo espero. Así lo espero.**
② **Ella piensa que sí. Así lo piensa.**
③ **¿Es su opinión?**
④ **Temo que sí.**
⑤ **¿Es él sincero? Creo que no.**

■ RESPUESTAS

① **I hope so.**
② **She thinks so.**
③ **Do you feel so?**
④ **I fear so.**
⑤ **Is he sincere? I believe not.**

En Español se emplea la misma palabra para indicar el adjetivo y el sustantivo de la nacionalidad.
En Inglés se encuentran varios casos:

• La misma palabra tanto para el adjetivo como para el sustantivo.

  — Los que terminan en **-an**

ADJETIVO	SUSTANTIVO SINGULAR	SUSTANTIVO PLURAL
American	**an American**	**two Americans**
americano(a)	un(a) americano(a)	dos americanos(as)

→ Con este mismo modelo:

  Australian, australiano(a). **Indian,** hindú. **Belgian,** belga. **Italian,** italiano(a). **Canadian,** canadiense. **Mexican,** mexicano(a). **Egyptian,** egipcio(a). **Norwegian,** noruego(a). **German,** alemán(a). **Russian,** ruso(a).

  — Otras terminaciones pero el mismo modelo (plural en **s**)

  Czech, checoeslovaco(a). **Israeli,** israelí. **Greek,** griego(a). **Pakistani,** paquistano(a).

  — Los que terminan en **-ese.**

ADJETIVO	SUSTANTIVO	INVARIABLE
Chinese	**a Chinese**	**two Chinese**
chino(a)	un(a) suizo(a)	dos chinos(as)

→ Y con el mismo modelo:

  Japanese, japonés(a). **Portugese,** portugués(a). **Lebanese,** libanés(a). **Vietnamese,** vietnamita.
  Así mismo:

Swiss	**a Swiss**	**two Swiss**
suizo(a)	un (a) suizo(a)	dos suizos

• Palabras diferentes para el adjetivo y el sustantivo.

ADJETIVO	SUSTANTIVO SINGULAR	SUSTANTIVO PLURAL
British	**a Briton**	**two Britons**
británico(a)	un(a) británico(a)	dos británicos(as)
Danish	**a Dane**	**two Danes**
danés(a)	un(a) danés(a)	dos daneses
Polish	**a Pole**	**two Poles**
polaco(a)	un(a) polaco(a)	dos polacos(as)
Spanish	**a Spaniard**	**two Spaniards**
español(a)	un(a) español(a)	dos españoles(as)
Swedish	**a Swede**	**two Swedes**
sueco(a)	un(a) sueco(a)	dos suecos(as)

- De una sola palabra: el adjetivo (terminado en **-sh** o **-ch**) al cual es necesario añadir **man** o **woman** para obtener el sustantivo.

ADJETIVO	SUSTANTIVO SINGULAR	SUSTANTIVO PLURAL
English inglés(a)	**an Englishman** un inglés	**two Englishmen** dos ingleses
	an Englishwoman una iglesa	**two Englishwomen** dos inglesas

→ con el mismo modelo:

Dutch, holandés(a). **French,** francés(a). **Irish,** irlandés(a).

→ *Observaciones:*

— Los adjetivos de nacionalidad llevan siempre mayúsculas en Inglés: **a French car,** un coche francés.

— Las formas **-ch** (**French**) y **-sh** (**British, English, Irish**) son las de los adjetivos y sustantivos plurales tomadas en sentido colectivo: **the French,** los franceses. En singular y plural restringido, es necesario añadir **man** o **woman, men** o **women** (véase arriba).

— Los sustantivos de nacionalidad terminados en **-an** llevan **s** en plural.

— Las formas en **—ese** permanecen idénticas para el adjetivo, el sustantivo singular, y el sustantivo plural.

■ EJERCICIOS

Tradúzcase

1. **Un español.**
2. **Dos irlandeses.**
3. **Los británicos**
4. **Los rusos.**
5. **Una holandesa.**
6. **Un italiano**
7. **Un coche sueco.**
8. **Los japoneses.**

■ RESPUESTAS

1. **A Spaniard.**
2. **Two Irishwomen.**
3. **The British.**
4. **The Russians**
5. **A Dutchwoman.**
6. **An Italian.**
7. **A Swedish car.**
8. **The Japanese.**

En general, aunque esta distinción es más bien prác-
tica, cuando se le da el significado de "lo que": **which**
vuelve a tomar lo que precede, mientras que **what**
anuncia lo que va a seguir.

> **What I want to say is this. . .** Lo que yo quiero decir es
> esto. . .
> **He wants to continue, which is quite natural.**
> Él quiere continuar, lo que es muy natural.

Observación: Atención a "todo lo que", el cual se tra-
duce por **all that** (cf. B.41) en todos los casos. **That** pue-
de eliminarse y quedar sobrentendido.

> **All that I know is that. . .** ⎫   todo lo que yo sé,
> o **All I know is that. . .**   ⎬   es que. . .
> **It's all that I heard.** ⎫   Es todo lo que oí.
> o **It's all I heard.**   ⎬

■ EJERCICIOS

Tradúzcase

(1) Lo que acaba de decir es verdad.

(2) Ellos no están de acuerdo, lo que no es sorprendente.

(3) Todo lo que yo sé, es que ella no vendrá.

(4) Yo no puedo decir nada más: es todo lo que yo vi.

■ RESPUESTAS

(1) What he's just said is true.

(2) They don't agree, which is not surprising.

(3) All (that) I know is that she won't come.

(4) I can't say anything more: that's all (that) I haven
seen.

He is either tired or sick. Él está cansado o enfermo.
They are neither French nor Italian.
Ellos no son ni franceses ni italianos.

- Utilizado solo, **either** puede significar:
→ "cada (uno), uno y otro, cada uno de los dos":

There are trees on either side of the road.
Hay árboles de cada lado (de los dos lados) del camino.

Obsérvese que **either** va seguido de un singular:

→ en **either of them,** significa "uno u otro (de los dos)"
→ empleado como adverbio, significa "por otra parte" o, después de una negación, significa "tampoco":

I don't like it either. Tampoco me gusta a mí.

- **Neither** puede significar "ni uno ni otro, ninguno de los dos".

Neither report (neither of the reports) was complete.
Ni un informe ni el otro (ninguno de los dos) estaban completos.
Neither (of them) could answer.
Ni uno, ni otro (ninguno de los dos) pudo responder.

→ También puede significar "tampoco" después de una frase negativa:

He didn't know about it, neither did I.
Él no sabía nada de ello ni yo tampoco.

■ EJERCICIOS

Complétese con either o neither
1. **I don't know,......... can I guess.**
2. **Bob didn't see it,......... did I.**
3. **......... of the solutions is valid.**
4. **I didn't see it.........**

■ RESPUESTAS

1. **Neither.** Yo no sé y no puedo adivinar.
2. **Neither.** Bob no lo vio, yo tampoco.
3. **Either:** Cada una de las dos soluciones es válida.
   O **Neither:** Ninguna de las dos soluciones no es válida.
4. **Either.** Yo no lo vi tampoco.

- La construcción: **Let me be clearly understood.**

  Que yo sea bien comprendido.

  es fácil de entender si se le compara con:

  I must be clearly understood.

  Es necesario que yo sea bien comprendido.

  Lo mismo: **Let the reader be informed that. . .**

  Que el lector esté informado de que. . .

- Recordatorio: de los diferentes sentidos de **to let**:

  Ayuda a formar el imperativo de la 1a. y la 3a. personas.

  Let him come! ¡Que él venga!

  Let us go! ¡Vámonos!

  Significa también "dejar"

  Let me do it! ¡Déjame hacerlo!

  Let me be! ¡Déjame tranquilo!

  En los dos casos está seguido del infinitivo sin **to**.

  Significa también "rentar" (ofrecer para renta)

  House to let. Casa para rentar/Se renta casa.

  en oposición a **to rent** "Tomar en renta, rentar".

  Con una preposición o una postposición, su sentido será modificado

  To let down. Bajar, dejar caer, olvidar.

  To let in. Dejar entrar, hacer entrar.

  To let off. Soltar, dejar escapar.

■ EJERCICIOS

Tradúzcase

1. ¡Déjele hablar!
2. ¡Que ella venga!
3. ¡Que eso sea dicho claramente!

■ RESPUESTAS

1. **Let him speak!**
2. **Let her come!**
3. **Let it be said clearly.**

• "Mandar hacer alguna cosa a alguien" (cf. B.36)
  to have + sustantivo o pronombre + infinitivo sin to.
    I'll have him repair it. Yo se lo haré reparar o yo se lo mandaré reparar (a él).

• "Mandar hacer algo por alguien" (cf. B.36)
  to have + sustantivo o pronombre + participio pasado
    I'll have it repaired by Sam. Yo lo mandaré reparar con Sam.

■ EJERCICIOS

Tradúzcase
(1) **Hágalo enviar por correo.**
(2) **Haga Ud. traducir este texto por Bob.**
(3) **Ellos quieren mandarse construir una nueva casa.**
(4) **¿Mandó Ud. verificar el resultado?**

■ RESPUESTAS

(1) **Have it sent by post.**
(2) **Have this text translated by Bob.**
(3) **They want to have a new house built.**
(4) **Have you had the result checked?**

- Cuando un verbo sigue a una preposición, se conjuga con **-ing** (cf. B.59):

  Before leaving. Antes de salir (o partir).
  On arriving. Al llegar, llegando.
  By working. Trabajando; al trabajar.

  Esta regla es válida tanto para la preposición **to** como para todas las demás.

  Para saber si la preposición **to** es una indicación del infinitivo o una preposición, es suficiente verificar si puede estar seguido de un nombre o de un pronombre. Porque se puede decir:

  I'm looking forward to my holidays.
  Estoy impaciente por ver llegar mis vacaciones.

  Cuando **to** es preposición, se dirá entonces:

  I'm looking forward to meeting you.
  Tengo prisa por encontrarte (por reunirme contigo).

  Lo mismo con:

  I object to your plan.
  Yo me opongo a tu plan.

  Se construirá:

  He objects to working abroad.
  Él no quiere trabajar en el extranjero.

■ EJERCICIOS

Exprésese el verbo entre paréntesis en el infinitivo o con -ing según sea el caso.

(1) **I'm looking forward to ("encontrar") you.**
(2) **Why does she object to ("venir")?**

■ RESPUESTAS

(1) **I'm looking forward to meeting you.** Tengo prisa por encontrarte.
(2) **Why does she object to coming?** ¿Por qué no quiere ella venir?

En el Inglés, por lo general, no es suficiente con res-
ponder simplemente "sí" o "no". *Se vuelve a tomar
el auxiliar utilizado en la pregunta.*

Do you know him? - Yes, I do. - No, I don't.
¿Lo conoce usted? - Sí, sí lo conozco. - No, no lo conozco.
Don't you know him? - Yes, I do.
¿No lo conoce usted? - Sí, sí lo conozco.
Will they write? - Yes, they will. - No, they won't.
¿Escribirán ellos? - Sí, sí lo harán. - No, no lo harán.
Did they drive there? - Yes, they did.
¿Fueron (ellos) allá en coche? - Sí, sí lo hicieron.
Haven't you seen it? - Yes, I have.
¿No lo vio usted? - Sí, sí lo vi.

■ EJERCICIOS

Tradúzcase

1. **¿Vendrá ella? Sí.**
2. **¿Pueden ellos hacerlo? No.**
3. **¿La encontró usted ayer? No.**
4. **¿Oyó usted hablar acerca de eso? Sí.**
5. **¿A usted no le gusta la cerveza? Sí.**

■ RESPUESTAS

1. **Will she come? Yes, she will.**
2. **Can they do it? No, they can't.**
3. **Did you meet her yesterday? No, I didn't.**
4. **Have you heard about it? Yes, I have.**
5. **Don't you like beer? (o You don't like beer?) Yes, I do.**

- **I'd like to** (contracción de **I would like to**), "Me gusta-ría (mucho)", y **I'd love to** (contracción de **I would love to**), "Con mucho gusto", se emplean frecuentemente en respuesta a las preguntas que comienzan por **will you. . .?, do you want. . .?**, "¿quiere usted. . .?"; **why don't you. . .?**, "¿Por qué no. . .?".

  Will you come with me? I would love to.
  ¿Quiere usted venir conmigo? Con mucho gusto. Me en-cantaría.
  Do you want to try it? I'd love to.
  ¿Quiere usted probarlo? Con gusto/Claro.

- Esta sustitución del verbo por **to** puede igualmente realizarse con **to know how** y **to begin**.

  Would you like to do it? Yes, but I don't know how to.
  ¿Le gustaría hacerlo? Sí, pero no sé cómo.
  Do you like it? I'm beginning to.
  ¿Le gusta a usted eso? Empieza a gustarme.

■ EJERCICIOS

Tradúzcase

1. ¿Quiere usted probar? Me encantaría.
2. ¿Quiere usted venir? Me gustaría mucho.
3. ¿Quiere usted visitar el parque? Con mucho gusto.
4. ¿Quiere usted manejar mi coche? Me gustaría mucho.

■ RESPUESTAS

1. Do you want to try? I'd like to.
2. Do you want to come? I'd love to.
3. Do you want to visit the park? I'd love to.
4. Do you want to drive my car? I'd like to.

Prueba C
Evaluación
100 preguntas

- Controle su progreso efectuando esta nueva prueba.
- Establezca su nuevo marcador consultando las respuestas de la página 199.
- Si comete nuevamente algunos errores consulte la sección **B,** página 53.

Seleccione los elementos que completen correctamente la estructura marcando con una cruz el cuadro correspondiente (a, b, c o d). Para establecer su marcador, verifíquense las respuestas en la página 199.

(1) **The conference will take place ....**
March.

☐ a in last   ☐ c in later
☐ b in late   ☐ d the latest in

(2) **Why .... agree with us?**

☐ a you expected not they
☐ b didn't you expect that they
☐ c didn't you expect them to
☐ d you didn't expect them

(3) **It's no use ....**

☐ a complaining   ☐ c complain
☐ b of complaining   ☐ d to complain

(4) **You .... worry, it'll be done.**

☐ a needn't   ☐ c need not to
☐ b do not need   ☐ d no need

(5) **The company's remarkable performance has surprised everybody, including .... managers.**

☐ a his   ☐ c her
☐ b it's   ☐ d its

(6) **He doesn't earn half .... money.**

☐ a as much   ☐ c more
☐ b as many   ☐ d much more

Seleccione los elementos que completen correctamente la estructura marcando con una cruz el cuadro correspondiente (a, b, c o d). Para establecer su marcador, verifíquense las respuestas en la página 199.

⑦ **They heard him .... to himself.**

a talk
b to talk
c talked
d of talking

⑧ **........ did he call the game he explained to us?**

a Which
b How
c What
d Which name

⑨ **You can take either mine .... his.**

a than
b or
c either
d whether

⑩ **Let us .... this point carefully.**

a to explain
b explaining
c explain
d have explained

⑪ **We .... change left.**

a haven't got any
b haven't got no
c have got any
d have any

⑫ **He left our city a year ago and now lives ..**

a farther in north
b farther north
c far northern
d farther northern

⑬ **There are few common points between .... policies.**

a either
b both
c the two
d the both

Seleccione los elementos que completen correctamente la estructura marcando con una cruz el cuadro correspondiente (a, b, c o d). Para establecer su marcador, verifíquense las respuestas en la página 200.

(14) He likes to have people .... and visit him.

☐ a coming   ☐ c who comes
☐ b comes   ☐ d come

(15) — Have you had breakfast?
— ....

☐ a Yes, I have had   ☐ c No, I haven't
☐ b Yes, I did   ☐ d No, I hadn't

(16) .... seem to be more satisfied than the Irish.

☐ a The Belgian   ☐ c The Greek
☐ b The Belgians   ☐ d The Spaniard

(17) Don't forget it's a project of ....

☐ a her   ☐ c hers
☐ b she   ☐ d it

(18) I wish I ....

☐ a known   ☐ c knew
☐ b have known   ☐ d to know

(19) Don't reply unless they .... again

☐ a will write
☐ b shall write
☐ c would have written
☐ d write

Seleccione los elementos que completen 187
correctamente la estructura marcando con una
cruz el cuadro correspondiente (a, b, c o d).
Para establecer su marcador, verifíquense las
respuestas en la página 201.

(20) **They have two sons, ... I didn't know.**

    ☐ a what   ☐ c which

    ☐ b than   ☐ d such as

(21) **—Would you say this is the beginning of a new crisis? — I think . . . .**

    ☐ a no   ☐ c that not

    ☐ b not   ☐ d not so

(22) **I didn't know her husband was . . . .**

    ☐ a an officer   ☐ c not officer

    ☐ b as officer   ☐ d officer

(23) **Do you remember where . . . . ?**

    ☐ a his family lived   ☐ c did live his family

    ☐ b lived his family   ☐ d did his family live

(24) **The boys said . . . . of them had spent anything.**

    ☐ a some   ☐ c none

    ☐ b any   ☐ d all

(25) **No one knew . . . . they were talking about.**

    ☐ a that   ☐ c why

    ☐ b what   ☐ d whether

(26) **Would they mind . . . . a little earlier?**

    ☐ a to arrive   ☐ c of arriving

    ☐ b arriving   ☐ d arrive

Seleccione los elementos que completen correctamente la estructura marcando con una cruz el cuadro correspondiente (a, b, c o d). Para establecer su marcador, verifíquense las respuestas en la página 202.

(27) There are .... trees here.

- a fewer and fewer
- b least and least
- c lesser and lesser
- d little and little

(28) We'll consider .... suggestion, provided it is realistic.

- a any
- b some
- c all
- d everyone

(29) Don't forget to switch off the light before ....

- a to leave
- b leave
- c leaving
- d have left

(30) He won't get the job, ... ?

- a does it
- b will he get
- c will it
- d will he

(31) She must .... while I was out.

- a come
- b have come
- c came
- d had come

(32) It's a difficult choice, ... way you look at it.

- a which
- b whenever
- c whichever
- d ever

(33) Won't you take some .... ?

- a much
- b more
- c few
- d much more

Seleccione los elementos que completen correctamente la estructura marcando con una cruz el cuadro correspondiente (a, b, c o d). Para establecer su marcador, verifíquense las respuestas en la página 203.

189

(34) **Hardly had he started the car .... he heard a strange noise.**

☐ a that ☐ c when
☐ b than ☐ d then

(35) **He had never written a book .... this before.**

☐ a like ☐ c such
☐ b as ☐ d so as

(36) **I'll get in touch with you as soon as I .... his new telephone number.**

☐ a will have ☐ c have
☐ b would have ☐ d should have

(37) **I expect the play not .... in time.**

☐ a begin ☐ c beginning
☐ b to begin ☐ d begun

(38) **........ happy she seems to be!**

☐ a What ☐ c Such
☐ b How ☐ d So much

(39) **They have a .... old boy.**

☐ a sixteen years
☐ b sixteenth year
☐ c sixteen year's
☐ d sixteen-year-

Seleccione los elementos que completen correctamente la estructura marcando con una cruz el cuadro correspondiente (a, b, c o d). Para establecer su marcador, verifíquense las respuestas en la página 204.

(40) **I remember .... it a long time ago.**

- [ ] a visiting
- [ ] b to visit
- [ ] c of visiting
- [ ] d that I visit

(41) **When .... ?**

- [ ] a did he come
- [ ] b he does come
- [ ] c comes he
- [ ] d came he

(42) **Our exams were .... difficult.**

- [ ] a far much
- [ ] b far many
- [ ] c a few less
- [ ] d far more

(43) **It's high time they .... their minds.**

- [ ] a make up
- [ ] b will make up
- [ ] c made up
- [ ] d have made up

(44) **I'm not used to .... by night.**

- [ ] a driving
- [ ] b drive
- [ ] c be driving
- [ ] d have been driving

(45) **Why not .... the children along?**

- [ ] a taking
- [ ] b take
- [ ] c to take
- [ ] d we take

(46) **What was she afraid .... ?**

- [ ] a for
- [ ] b with
- [ ] c on
- [ ] d of

Seleccione los elementos que completen correctamente la estructura marcando con una cruz el cuadro correspondiente (a, b, c o d). Para establecer su marcador, verifíquense las respuestas en la página 205.

191

(47) .... of these two candidates are we going to hire?

- a Whose
- b What
- c Which
- d Whom

(48) They were astonished .... seeing him whith her.

- a in
- b at
- c on
- d from

(49) The problem is: .... like it?

- a do he
- b does he
- c has he
- d is he

(50) They offered to lend us their car, but we preferred to take ....

- a our
- b ourself
- c ourselves
- d ours

(51) You know it's true, ... ?

- a will you
- b isn't it
- c do you
- d don't you

(52) I'm not sure .... people like this town.

- a many
- b much
- c a little
- d lot of

(53) This principle was known .... 1950.

- a early as
- b as soon as
- c as early as
- d in the early

Seleccione los elementos que completen correctamente la estructura marcando con una cruz el cuadro correspondiente (a, b, c o d). Para establecer su marcador, verifíquense las respuestas en la página 206.

(54) **I hope they'll tell him before ....**

☐ a he will ask.   ☐ c him asking.
☐ b he asks.   ☐ d that he asks.

(55) **I can't help .... I should have told them.**

☐ a myself from feeling
☐ b to feel
☐ c feel
☐ d feeling

(56) **They .... the same car for years.**

☐ a own   ☐ c are owning
☐ b have owned   ☐ d are owned

(57) **I don't know if I can let Jenny ..... alone.**

☐ a to go   ☐ c going
☐ b go   ☐ d gone

(58) **They have made .... same mistake once again.**

☐ a the   ☐ c a
☐ b one   ☐ d some

(59) **Listen, the phone .... !**

☐ a 's ringing   ☐ c ring
☐ b rings   ☐ d ringing

(60) **He saw her .... to the station.**

☐ a out   ☐ c along
☐ b away   ☐ d off

Seleccione los elementos que completen correctamente la estructura marcando con una cruz el cuadro correspondiente (a, b, c o d). Para establecer su marcador, verifíquense las respuestas en la página 207.

(61) **As we . . . . , it was quite a success.**

- a were expecting it
- b expected it
- c expected
- d expected to

(62) **This new proposal is different . . . . the first one.**

- a from
- b off
- c of
- d that

(63) **I want . . . . immediately.**

- a that you stop
- b stop
- c you to stop
- d you stop

(64) **The house was valued . . . . £ 25,000.**

- a at
- b to
- c by
- d about

(65) **We should have . . . . to them sooner.**

- a wrote
- b written
- c had written
- d write

(66) **He always had . . . . in sports.**

- a the interest
- b interest
- c an interest
- d his interest

(67) **How . . . . time will they need?**

- a many more
- b much more
- c more
- d many much

194

Seleccione los elementos que completen correctamente la estructura marcando con una cruz el cuadro correspondiente (a, b, c o d). Para establecer su marcador, verifíquense las respuestas en la página 208.

(68) **One of Robert . . . . will be closed down.**

- a favourite pub
- b 's favourite pub
- c 's favourite pubs
- d favourite pubs

(69) **. . . . . do you think will help them?**

- a Where
- b Whom
- c Why
- d Who

(70) **What . . . . could I do?**

- a other
- b else
- c different
- d otherwise

(71) **He isn't so funny as he . . . .**

- a used to
- b used
- c used to be
- d was used to

(72) **The more I listen to him, the . . . . I believe him.**

- a lest
- b least
- c lesser
- d less

(73) **We'd better . . . . now.**

- a started
- b start
- c to start
- d starting

(74) **Whose book is it? — It is . . . .**

- a to my sister.
- b of my sister.
- c my sister's.
- d to my sister's.

Seleccione los elementos que completen correctamente la estructura marcando con una cruz el cuadro correspondiente (a, b, c o d). Para establecer su marcador, verifíquense las respuestas en la página 209.

195

(75) . . . . , he said.

☐ a «What your brother is lucky!»
☐ b «How lucky your brother is!»
☐ c «How your brother is lucky!»
☐ d «Such lucky your brother is!»

(76) **His friends . . . .**

☐ a have just offered him a watch.
☐ b have offered just him a watch.
☐ c have offered a watch to him just.
☐ d have offered to just him a watch.

(77) **They requested that the results . . . . sent to them first.**

☐ a would have been   ☐ c are
☐ b should be   ☐ d will have been

(78) **She'd like Bill . . . . her.**

☐ a calls   ☐ c to call
☐ b called   ☐ d should call

(79) **The play was pretty good; I wish Diana . . . .**

☐ a to have come   ☐ c came
☐ b had come   ☐ d to come

(80) **I'm looking forward . . . . her again.**

☐ a meeting   ☐ c to meeting
☐ b to meet   ☐ d at meeting

Seleccione los elementos que completen
correctamente la estructura marcando con una
cruz el cuadro correspondiente (a, b, c o d).
Para establecer su marcador, verifíquense las
respuestas en la página 210.

(81) **Nothing has changed in this town since I first
. . . . it.**

☐ a visit   ☐ c visited
☐ b have visited   ☐ d am visiting

(82) **He's still a good player . . . . he's out of
practice.**

☐ a despite   ☐ c whether
☐ b in spite of   ☐ d although

(83) **He smoked the only cigarette . . . . was
left in the packet.**

☐ a that   ☐ c what
☐ b which   ☐ d it

(84) **She wondered why . . . . such nice
flowers.**

☐ a he had brought her
☐ b had he brought her
☐ c her he had brought
☐ d her had he brought

(85) **Do you think you'll like it?
— I'm already . . . .**

☐ a begun.   ☐ c so.
☐ b beginning.   ☐ d beginning to.

(86) **There is no reason for . . . .**

☐ a to worry so much.
☐ b them to worry so much.
☐ c them such worrying.
☐ d their such worrying.

Seleccione los elementos que completen correctamente la estructura marcando con una cruz el cuadro correspondiente (a, b, c o d). Para establecer su marcador, verifíquense las respuestas en la página 211.

197

87. **She .... told us.**

☐ a would ☐ c should have
☐ b should have to ☐ d should

88. **He is .... I am.**

☐ a more old than ☐ c older as
☐ b older that ☐ d older than

89. **He'll .... do it.**

☐ a can to ☐ c be able
☐ b can ☐ d be able to

90. **Why did the boss ask .... so many questions?**

☐ a you ☐ c from you
☐ b at you ☐ d do you

91. **They are .... good players!**

☐ a such ☐ c so much
☐ b so ☐ d what

92. **They many .... away.**

☐ a to be ☐ c being
☐ b that they are ☐ d be

93. **Show this to Brian when you .... him.**

☐ a 'll see ☐ c would see
☐ b shall see ☐ d see

Seleccione los elementos que completen correctamente la estructura marcando con una cruz el cuadro correspondiente (a, b, c o d). Para establecer su marcador, verifíquense las respuestas en la página 212.

(94) **Did they write to you? — No, they . . . .**

☐ a have not. ☐ c didn't.
☐ b didn't do. ☐ d don't.

(95) **It . . . . two days.**

☐ a had been raining since
☐ b is raining for
☐ c has been raining for
☐ d has been raining since

(96) **He . . . . his old car repaired.**

☐ a made ☐ c is made
☐ b had ☐ d has made

(97) **She . . . . last Wednesday.**

☐ a 'd call ☐ c calls
☐ b has called ☐ d called

(98) **Have you . . . . finished dinner?**

☐ a early ☐ c soon
☐ b already ☐ d yet

(99) **There were at least three . . . . candidates.**

☐ a hundred ☐ c hundreds of
☐ b hundreds ☐ d hundred of

(100) **Though he is no longer in charge of the department, he . . . . has a lot of responsibilities.**

☐ a further ☐ c still
☐ b yet ☐ d more

① **b. The conference will take place in late March.**
La conferencia tendrá lugar a fines de marzo.

→ B.76

② **c. Why didn't you expect them to agree with us?**
¿Por qué no esperaba usted que ellos estuvieran de acuerdo con nosotros?

→ B.66

③ **a. It's no use complaining.**
No sirve de nada quejarse.

→ B.21

④ **a. You needn't worry, it'll be done.**
Usted no necesita preocuparse, esto se hará.

→ B.86

⑤ **d. The company's remarkable performance has surprised everybody, including its managers.**
Los admirables resultados de la sociedad han sorprendido a todo el mundo, incluyendo a sus dirigentes.

→ B.79

⑥ **a. He doesn't earn half as much money.**
Él no gana ni la mitad del dinero.

→ B.85

⑦ **a. They heard him talk to himself.**
Ellos lo oyeron hablar con él mismo.

→ B.77

(8) c. **What did he call the game he explained to us?**
¿Cómo llamaba él al juego que nos explicó?

→ B.28

(9) b. **You can take either mine or his.**
Usted puede tomar ya sea el mío (la mía), o el suyo (la suya).

→ B.95

(10) c. **Let us explain this point carefully.**
Expliquemos cuidadosamente este punto.

→ B.96

(11) a. **We haven't got any change left.**
No nos queda más cambio (monedas).

→ B.12

(12) b. **He left our city a year ago and now lives farther North.**
Él dejó nuestra ciudad y vive ahora más al norte.

→ B.65

(13) c. **There are few common points between the two policies.**
Hay pocos puntos en común entre las dos políticas.

→ B.52

(14) d. **He likes to have people come and visit him.**
A él le gusta mucho que la gente venga a visitarlo.

→ B.97

⑮ c. — **Have you had breakfast?**
— **No, I haven't.**
— ¿Ya desayunó usted?
— No.

→ B.99

⑯ b. **The Belgians seem to be more satisfied than the Irish.**
Los Belgas parecen más satisfechos que los Irlandeses.

→ B.93

⑰ c. **Don't forget it's a project of hers.**
No olvide usted que es un proyecto de ella.

→ B.69

⑱ c. **I wish I knew.**
Yo quisiera saberlo.

→ B.50

⑲ d. **Don't reply unless they write again.**
No responda a menos que ellos escriban otra vez.

→ B.80

⑳ c. **They have two sons, which I didn't know.**
Ellos tienen dos hijos, lo cual yo no sabía.

→ B.94

㉑ b. **Would you say this is the beginning of a new crisis?**
— **I think not.**
— ¿Diría usted que esto es el principio de una nueva crisis?
— Yo pienso que no.

→ B.92

㉒ a. **I didn't know her husband was an officer.**
No sabía que su marido fuera funcionario.

→ B.35

㉓ a. **Do you remember where his family lived?**
¿Se acuerda usted donde vivía su familia (de él)?

→ B.82

㉔ c. **The boys said none of them had spent anything.**
Los muchachos dijeron que ninguno de ellos había gastado nada.

→ B.29

㉕ b. **No one knew what they were talking about.**
Nadie sabía de qué hablaban ellos.

→ B.13

㉖ b. **Would they mind arriving a little earlier?**
¿Le molestaría a ellos llegar un poco más temprano?

→ B.58

㉗ a. **There are fewer and fewer trees here.**
Hay cada vez menos árboles aquí.

→ B.11

(28) **a. We'll consider any suggestion, provided it is realistic.**
Examinaremos cualquier sugerencia, a condición de que sea realista.

→ B.87

(29) **c. Don't forget to switch off the light before leaving.**
No olvide apagar la luz antes de salir.

→ B.59

(30) **d. He won't get the job, will he?**
Él no tendrá el trabajo, ¿verdad?

→ B.84

(31) **b. She must have come while I was out.**
Ella debió haber venido mientras yo estaba fuera.

→ B.57

(32) **c. It's a dificult choice whichever way you look at it.**
Es una selección difícil, de cualquier manera que usted la vea.

→ B.70

(33) **b. Won't you take some more?**
¿Tomará usted aún un poco (de ello)?

→ B.47

(34) **c. Hardly had he started the car when he heard a strange noise.**
Apenas había él puesto en marcha el coche cuando oyó un ruido extraño.

→ B.46

(35) a. **He had never written a book like this before.**
Él nunca había escrito antes un libro como éste.

→ B.37

(36) c. **I'll get in touch with you as soon as I have his new telephone number.**
Me pondré en contacto con usted tan pronto como tenga su nuevo número telefónico.

→ B.64

(37) b. **I expect the play not to begin in time.**
Espero que la obra no principie a tiempo.

→ B.25

(38) b. **How happy she seems to be!**
¡Qué feliz parece ella!.

→ B.83

(39) d. **They have a sixteen-year-old boy.**
Ellos tienen un muchacho de 16 años.

→ B.75

(40) a. **I remember visiting it a long time ago.**
Me acuerdo de haberlo visitado hace mucho tiempo.

→ B.74

(41) a. **When did he come?**
¿Cuándo vino él?

→ B.10

(42) b. **Our exams were far more difficult.**
Nuestros exámenes eran mucho más difíciles.

→ B.56

(43) c. **It's high time they made up their minds.**
Ya es hora de que ellos se decidan.

→ B.55

(44) a. **I'm not used to driving by night.**
No estoy acostumbrado a manejar de noche.

· B.45

(45) b. **Why not take the children along?**
¿Por qué no llevar a los niños?

→ B.33

(46) d. **What was she afraid of?**
¿De qué tiene miedo ella?

→ B.54

(47) c. **Which of these two candidates are we going to hire?**
¿Cuál de estos dos candidatos vamos a contratar?

→ B.53

(48) b. **They were astonished at seeing him with her.**
Ellos se asombraron al verlo con ella.

→ B.49

(49) **b. The problem is: does he like it?**
El problema está en saber si a él le gusta eso.

→ B.4

(50) **d. They offered to lend us their car, but we preferred to take ours.**
Ellos propusieron prestarnos su coche, pero preferimos tomar el nuestro.

→ B.63

(51) **d. You know it's true, don't you?**
Usted sabe que es verdad, ¿no es cierto?

→ B.44

(52) **a. I'm not sure many people like this town.**
No estoy seguro de que a mucha gente le guste esta ciudad.

→ B.48

(53) **c. This principle was known as early as 1950.**
Este principio fue conocido desde 1950.

→ B.61

(54) **b. I hope they'll tell him before he asks.**
Espero que ellos se lo digan antes de que él (se los) pregunte.

→ B.34

(55) **d. I can't help feeling I should have told them.**
Yo no puedo dejar de pensar en que debería habérselos dicho.

→ B.32

56. **b. They have owned the same car for years.**
    Ellos han tenido el mismo coche desde hace años.

    → B.31

57. **b. I don't know if I can let Jenny go alone.**
    Yo no sé si puedo dejar a Jenny ir sola.

    → B.30

58. **a. They have made the same mistake once again.**
    Ellos cometieron el mismo error una vez más.

    → B.60

59. **a. Listen, the phone's ringing!**
    ¡Escucha, el teléfono está sonando!

    → B.1

60. **d. He saw her off to the station.**
    Él la acompañó a la estación.

    → B.43

61. **c. As we expected, it was quite a success.**
    Como nosotros nos lo esperábamos, ello fue un gran
    éxito.

    → B.68

62. **a. This new proposal is different from the first one.**
    Esta nueva proposición es diferente de la primera.

    → B.67

(63) **c. I want you to stop immediately.**
Quiero que usted se detenga inmediatamente.

→ B.9

(64) **a. The house was valued at £ 25.000**
La casa fue valuada en 25,000 libras.

→ B.27

(65) **b. We should have written to them sooner.**
Deberíamos haberles escrito más pronto.

→ B.51

(66) **c. He always had an interest in sports.**
Él siempre ha tenido interés en los deportes.

→ B.73

(67) **b. How much more time will they need?**
¿Cuánto tiempo más necesitarán ellos?

→ B.72

(68) **c. One of Robert's favourite pubs will be closed down.**
Uno de los bares preferidos de Roberto va a ser cerrado.

→ B.71

(69) **d. Who do you think will help them?**
¿Quién piensa usted que vaya a ayudarles?

→ B.91

⑺⁰ b. **What else could I do?**
¿Qué más podría yo hacer?

→ B.90

⑺¹ c. **He isn't so funny as he used to be.**
Él no es tan divertido como solía serlo.

→ B.89

⑺² d. **The more I listen to him, the less I believe him.**
Mientras más lo escucho, menos le creo.

→ B.88

⑺³ b. **We'd better start now.**
Sería mejor comenzar ahora.

→ B.20

⑺⁴ c. — **Whose book is it?**
— **It is my sister's.**
— ¿De quién es este libro?
— Es de mi hermana.

→ B.19

⑺⁵ b. **"How lucky your brother is!" he said.**
"¡Qué afortunado es su hermano"!, dijo él.

→ B.17

⑺⁶ a. **His friends have just offered him a watch.**
Sus amigos acaban de regalarle un reloj.

→ B.15

(77) b. **They requested that the results should be sent to them first.**
Ellos pidieron que los resultados les fueran enviados primeramente a ellos mismos.

→ B.81

(78) c. **She'd like Bill to call her.**
Ella quisiera que Bill la llamara.

→ B.24

(79) b. **The play was pretty good; I wish Diana had come.**
La obra fue excelente; me hubiera gustado que Diana viniera.

→ B.23

(80) c. **I'm looking forward to meeting her again.**
Tengo muchas ganas de volver a verla.

→ B.98

(81) c. **Nothing has changed in this town since I first visited it.**
Nada ha cambiado en esta ciudad desde que la visité por primera vez.

→ B.22

(82) d. **He's still a good player although he's out of practice.**
(Él) es todavía un buen jugador aunque le falte práctica.

→ B.38

83 a. **He smoked the only cigarette that was left in the packet.**
Él se fumó el último cigarro que quedaba en la cajetilla.

→ B.41

84 a. **She wondered why he had brought her such nice flowers.**
Ella se preguntaba por qué le habría traído él unas flores tan bonitas.

→ B.40

85 d. **— Do you think you'll like it?**
— I'm already beginning to.
— ¿Piensa usted que le gustaría eso?
— Ya me está empezando a gustar.

→ B.100

86 b. **There is no reason for them to worry so much.**
No hay razón para que ellos se preocupen tanto.

→ B.39

87 c. **She should have told us.**
Ella nos lo debería haber dicho.

→ B.8

88 d. **He is older than I am.**
Él es mayor (en edad) que yo.

→ B.18

(89) **d. He'll be able to do it.**
Él podrá hacerlo.

→ B.7

(90) **a. Why did the boss ask you so many questions?**
¿Por qué le hizo tantas preguntas el jefe (a usted)?

→ B.16

(91) **a. They are such good players!**
¡Son muy buenos jugadores!

→ B.26

(92) **d. They may be away.**
Puede ser que ellos no estén ahí.

→ B.14

(93) **d. Show this to Brian when you see him.**
Muestre esto a Brian cuando lo vea.

→ B.6

(94) **c. — Did they write to you?**
  — No, they didn't.
  — ¿Le escriben ellos a usted?
  — No.

→ B.5

(95) **c. It has been raining for two days.**
Llueve desde hace dos días.

→ B.3

96 **b. He had his old car repaired.**
Él mandó reparar su coche viejo.

→ B.36

97 **d. She called last Wednesday.**
Ella llamó el miércoles pasado.

→ B.2

98 **b. Have you already finished dinner?**
¿Ya terminó usted de cenar?

→ B.42

99 **a. There were at least three hundred candidates.**
Había por lo menos 300 candidatos.

→ B.78

100 **c. Though he is no longer in charge of the department, he still has a lot of responsibilities.**
Aunque él ya no dirige más el departamento, tiene todavía muchas responsabilidades.

→ B. 62

SCORE TEST C

Para obtener el marcador de la prueba C y calcular el nivel correspondiente, utilícese el mismo método de evaluación de la prueba A. Consúltese la pág, 52.

Índice

El índice indica las unidades de la parte B.
(Explicaciones y ejercicios de la página 54 a la página 183)

215

1. El tiempo presente.
2. El pretérito.
3. El presente perfecto o antepretérito.
4. Preguntas con el auxiliar DO.
5. Respuesta corta y reutilización del auxiliar.
6. WHEN = "cuando", seguido del tiempo presente en Inglés.
7. El defectivo I CAN y su equivalente TO BE ABLE TO para la traducción del futuro.
8. Traducción de "yo debería, debería de haber".
9. La proposición infinitiva después de TO WANT.
10. Orden de las palabras en una pregunta.
11. Comparativo doble ("cada vez menos, cada vez más").
12. Any (palabras indefinidas).
13. WHAT "lo que".
14. El defectivo I MAY "yo puedo (estoy autorizado para), o puede ser que".
15. El pasado inmediato o reciente "acabo de".
16. Construcción de TO ASK.
17. Los exclamativos.
18. El comparativo de superioridad.
19. Respuesta a una pregunta que comienza por el interrogativo WHOSE "de quién" "a quién".
20. I HAD BETTER "sería mejor que". . .
21. Terminación en —ING después de IT'S NO USE.
22. SINCE.
23. Construcción de TO WISH (desear) + verbo.
24. I'D LIKE + proposición infinitiva.
25. El infinitivo negativo.
26. Exclamativo con SUCH.
27. La preposición AT.
28. WHAT DO YOU CALL?
29. NONE.
30. TO LET + verbo.
31. EL PRESENTE PERFECTO con FOR.
32. I CAN'T HELP.
33. El infinitivo después de WHY NOT.
34. BEFORE.

35. El artículo A, AN delante de los sustantivos de oficios y de profesiones.
36. Mandarse hacer, mandar hacer.
37. LIKE y AS.
38. DESPITE, ALTHOUGH.
39. REASON FOR, REASON WHY.
40. Preguntas directas y preguntas indirectas.
41. Traducción de ALL THAT... "todo lo que"...
42. Lugar del adverbio de tiempo.
43. Posposiciones.
44. Traducción de "¿no es cierto, no es verdad?"
45. La terminación en —ING después de TO BE USED TO.
46. HARDLY... WHEN.
47. HOW MANY MORE?
48. PEOPLE.
49. TO BE AMAZED AT...
50. I WISH + pretérito con sentido subjuntivo.
51. SHOULD.
52. Los dos juntos.
53. WHICH.
54. OF.
55. IT'S HIGH TIME.
56. FAR + comparativo.
57. Formas compuestas con MUST.
58. Construcción de TO MIND.
59. Terminación en —ING después de las preposiciones.
60. THE SAME.
61. AS EARLY AS, AS SOON AS, tan pronto como.
62. STILL y YET.
63. Pronombres posesivos.
64. El empleo de los tiempos después de las conjunciones UNTIL, BEFORE, WHEN, AS SOON AS.
65. SOUTH y SOUTHERN.
66. WHAT DO YOU EXPECT ME TO DO?
67. Diferente de.
68. La no traducción del pronombre complemento "después de AS + verbo, THAN + verbo".

69. A FRIEND OF MINE.
70. WHICHEVER.
71. ONE OF THE + caso posesivo.
72. HOW MANY, HOW MUCH.
73. A SENSE OF, A TASTE FOR, A GIFT FOR. . .
74. Construcción de TO REMEMBER y TO REMIND.
75. La edad, construcción con OLD.
76. LATE.
77. Construcción después de verbos de percepción: TO SEE, TO HEAR.
78. THOUSAND, HUNDRED.
79. "Su, sus" aplicados a un grupo, una organización, una sociedad.
80. Construcción con UNLESS.
81. El subjuntivo.
82. Pregunta directa y pregunta indirecta.
83. Los exclamativos.
84. Traducción de "¿no es verdad?" después de una frase negativa.
85. HALF AS MUCH, HALF AS MANY.
86. NEED, DARE.
87. ANY.
88. THE LESS. . ., THE BETTER.
89. USED TO.
90. ELSE.
91. WHO DID YOU SAY MET HER YESTERDAY?
92. I HOPE NOT, I HOPE SO.
93. Los sustantivos y adjetivos de nacionalidad.
94. WHICH y WHAT con el sentido de "lo que".
95. EITHER. . . OR, NEITHER. . . NOR.
96. Diferentes sentidos y empleos de TO LET.
97. Mandar hacer.
98. La preposición TO + —ING.
99. Respuestas con "sí" o "no".
100. I'D LIKE TO: sustitución de un verbo por TO.

Esta obra se terminó de imprimir y encuadernar en mayo de 1999
en Impresora Carbayón, S.A. de C.V., Calz. de la Viga núm. 590,
Col. Santa Anita, México 08300, D. F.

La edición consta de 3 000 ejemplares

IDIOMAS LAROUSSE
ALGUNOS TÍTULOS DISPONIBLES

¿Desea aprender el idioma inglés? ¿Necesita recordar sus conocimientos básicos?

Iniciación
Diseñado para recordar o aprender el lado útil y práctico del idioma inglés ¡al ritmo que usted desee!

¿Desea mejorar la claridad y espontaneidad de sus expresiones en inglés?

Comunicar
Método para desenvolverse de manera natural frente a situaciones de la vida cotidiana.

¿Desea practicar el inglés cotidiano norteamericano?

Practicar
Método diseñado para expresarse en todas las circunstancias, ejercitando y perfeccionando su inglés.

¿Quiere conocer y reafirmar fácilmente las bases gramaticales del inglés actual?

Gramática
Un enfoque claro y preciso para conocer y aplicar los aspectos gramaticales esenciales del idioma.

¿Le interesa conocer su nivel de inglés y corregir sus fallas?

Score
Obra de autoevaluación y autoenseñanza, para valorar y mejorar sus conocimientos de manera rápida y precisa.

¿Desea iniciarse en el inglés de los negocios?

Iniciación Económico y Comercial
Obra que le permitirá iniciarse en el lenguaje moderno de los negocios.

¿Desea mejorar rápidamente su lenguaje de negocios ?

Económico y Comercial
Obra que le permitirá conocer rápidamente el lenguaje de los negocios, preparar un examen o efectuar operaciones comerciales con empresas extranjeras.

Inglés para Todos
Los mejores métodos de autoaprendizaje o de consulta del inglés cotidiano y de negocios

IDIOMAS LAROUSSE
ALGUNOS TÍTULOS DISPONIBLES

¿Necesita redactar correspondencia en inglés, fácil y rápidamente?

Correspondencia comercial
Le enseñará a redactar y a comprender cartas comerciales en inglés, sin dominar el idioma.

¿Quiere evaluar y mejorar su inglés económico y comercial?

Score Comercial
Un método que le permitirá probar y desarrollar su inglés en los negocios.

¿Desea comunicarse mejor con sus clientes, colegas y proveedores en el ramo de la exportación?

Exportar
Una obra diseñada para conocer de manera fácil y rápida las necesidades de comunicación de las personas involucradas en el ramo.

¿Desea desenvolverse con facilidad al viajar a los Estados Unidos?

Viajar a Estados Unidos
Una guia de conversación dirigida al viajero para facilitar su desenvolvimiento en el ambiente social y cultural de los Estados Unidos.

¿Desea poner a prueba sus conocimientos sobre Estados Unidos?

Score Civilización Estados Unidos
Una obra de autoevaluación para las personas interesadas en la cultura, ambiente y tradiciones de los E.U.

¿Es usted un profesional o estudiante de hotelería y turismo?

Turismo, Hotelería y Restaurantes
Obra que responde a las necesidades concretas de comunicación de las personas involucradas en el ramo.

Inglés para Todos
Los mejores métodos de autoaprendizaje o de consulta del inglés cotidiano y de negocios